Peter Koj

Português, meu amor

Annäherungen an eine spröde Schöne

Schmetterling Verlag

Bibliografische Informationen *Der Deutschen Nationalbibliothek*
Die Deutsche Nationalbibliothek verzeichnet diese Publikation in der Deutschen Nationalbibliografie; detaillierte Daten sind im Internet über
http://dnb.d-nb.de abrufbar.

Für Erika, Nora und Adrian

Schmetterling Verlag GmbH
Lindenspürstr. 38 b
70176 Stuttgart
www.schmetterling-verlag.de
Der Schmetterling Verlag ist Mitglied von aLiVe.

ISBN 3-89657-875-8
1. Auflage 2015
Printed in Poland

Illustrationen: Marlies Schaper
Satz und Reproduktionen: Schmetterling Verlag
Druck: Sowa, Warszawa

Dedicatória de Sua Excelência o Senhor Embaixador de Portugal em Berlim, Luís de Almeida Sampaio para o livro «Portugal, meu amor» de Peter Koj

Em tempo de crise é muito fácil ser pessimista e olhar o futuro com uma perspetiva carregada de incertezas, nuvens sombrias e tempestades ciclópicas.

É mais difícil, é muito mais difícil, manter a confiança e ser otimista. Otimismo com realismo é o meu mote. Olho para o futuro de Portugal, para o futuro das relações entre Portugal e a a Alemanha e para o futuro da Europa, com a certeza de que a crise económica e financeira que a todos nos afeta será superada e que o futuro nos trará um horizonte de esperança. Nem outra coisa seria possível tratando-se de Portugal e dos Portugueses, da Alemanha e dos Alemães, da Europa e dos Europeus. Esta crise é apenas mais uma, certamente muito menos grave do que outras que vencemos no passado e, porventura, não será a última que teremos que enfrentar.

Portugal é uma nação antiga, um país extraordinário com um povo maravilhoso. É no meu país e no povo a que pertenço que deposito a confiança de um futuro melhor.

Este livro, escrito em tempo de crise, e em muitas das suas passagens refletindo-a, será lido em perspetiva mais tarde, quando a crise já fizer parte da história, vai ser bom, talvez mais nessa ocasião do que hoje, reler estas linhas que aqui deixo como minha dedicatória.

O Embaixador de Portugal em Berlim,
Luís de Almeida Sampaio

Widmung

In Krisenzeiten ist es sehr einfach, pessimistisch zu sein und die Zukunft voller Ungewissheiten, dunklen Wolken und gewaltigen Stürmen zu sehen. Schwieriger, weit schwieriger ist es, zuversichtlich zu bleiben und optimistisch zu sein. Optimismus und Realismus, das ist meine Devise. Ich schaue auf Portugals Zukunft, auf die Zukunft der Beziehungen zwischen Portugal und Deutschland und auf Europas Zukunft mit der Gewissheit, dass die Wirtschafts- und Finanzkrise, die uns alle betrifft, überwunden wird und dass die Zukunft uns Hoffnung am Horizont bringt. Etwas anderes wäre auch gar nicht möglich, da es um Portugal und die Portugiesen, um Deutschland und die Deutschen, um Europa und die Europäer geht. Die gegenwärtige Krise ist nur eine von vielen, sie ist fraglos weit weniger ernst als andere, die wir in der Vergangenheit überwunden haben, und sie wird vermutlich nicht die letzte sein.

Portugal ist eine alte Nation, ein ganz besonderes Land mit wunderbaren Menschen. Und meine Zuversicht, dass eine bessere Zukunft kommt, gründet auf meinem Land und dem Volk, zu dem ich gehöre. Dieses Buch, geschrieben in Zeiten der Krise, die es in zahlreichen Beiträgen spiegelt, wird man später, wenn die Krise bereits Geschichte ist, aus einer anderen Perspektive lesen, und dann wird es gut sein, vielleicht besser als heute, diese Zeilen, die ich hier als meine Widmung niederschreibe, erneut zu lesen.

Botschafter von Portugal in Berlin
Luís de Almeida Sampaio

Inhalt

Vorwort

von Maralde Meyer-Minnemann

Auf die Frage «Lieben Sie Deutschland?» antwortete Bundespräsident Heinemann einst: «Ach was, ich *liebe* keine Staaten, ich *liebe* meine *Frau*; fertig!» Würde man Peter Koj fragen «Und wen lieben Sie?», würde er zweifelsohne antworten: «Natürlich meine Frau». Aber er würde nach nur sehr kurzem Zögern hinzufügen: «Und die portugiesische Sprache.»

Die Liebe zu dieser Sprache war beileibe nicht seine erste linguistische Liebe. Während seines Studiums der Romanistik und Anglistik galt Peter Kojs Liebe dem Französischen und dem Englischen, die er später, während seiner Berufsjahre als Lehrer am Gymnasium unterrichtete. Nicht vergessen werden darf seine intensive Beziehung zur italienischen Sprache, hat er doch seine Doktorarbeit über den italienischen Autor Poggio und die frühe Rezeption seiner Fazetien in Frankreich verfasst. Und dann war da auch noch die Liebe zum Altfranzösischen, von der ich profitieren durfte, da mir Peter Koj half, mich auf mein Magisterexamen vorzubereiten, in dem auch gute Kenntnisse der altfranzösischen Literatur gefragt waren.

Nun könnte man meinen, dass diese vielen sprachlichen Liebesbeziehungen für ein Leben reichen könnten. Doch 1976 wurde Peter Koj das Angebot gemacht, für ein paar Jahre an der Deutschen Schule in Lissabon zu unterrichten. Am Ende wurden es sieben Jahre!

Da Portugiesisch meine Vatersprache ist, konnte ich mich bei Peter Koj für den Altfranzösisch-Nachhilfeunterricht revanchieren. Damit er sich auf seine neue Umgebung vorbereiten konnte, besprach ich mehrere Bänder mit den Lektionen von *Langenscheidts Praktisches Lehrbuch Portugiesisch* von Fátima Figueiredo Brauer. Am Strand von Portsmouth, wohin er Schüler eines Austauschprogramms begleitete, hörte er diese Bänder ab. Und so begann die große Liebe zur «spröden Schönen», wie Peter Koj die portugiesische Sprache gern nennt. Und wie viele späte Lieben, war es eine leidenschaftliche Liebe, die bis heute andauert.

In Portugal führte ihn der Archäologe und Journalist Prof. José d'Encarnação bald in die Feinheiten der Sprache ein und weckte Peter Kojs besondere Leidenschaft für Sprichwörter und Redensarten.

Wie bei einer geliebten Frau gibt es für den Liebhaber einer Sprache auch immer wieder Neues, Aufregendes zu entdecken. Die Früchte dieser nun schon fast vierzig Jahre dauernden Liebe zum Portugiesischen liegen nun endlich gesammelt in diesem Band vor. Ursprünglich wurden sie als Kolumne in der Zeitschrift der Portugiesisch-Hanseatischen Gesellschaft e.V., der *Portugal-Post* und in der in Lagoa erscheinenden Zeitschrift *Entdecken Sie Algarve* veröffentlicht. *Essa Nossa ditosa Língua* lautet der Titel der Kolumne. Nossa ditosa língua? Unsere von Fortuna begünstigte Sprache? Da hat die Liebe doch tatsächlich ein Wunder vollbracht: Sie verwandelte den deutschen Kolumnisten in einen Portugiesen!

Was sie immer schon über Portugiesisch wissen wollten, werden die Leser in den informativen, meist amüsanten Beiträgen erfahren, die Fragen der Grammatik, der Redensarten und Umgangsformen, der «falschen Freunde» und noch viel mehr behandeln. Und sie werden sich vorstellen können, was der portugiesische Dichter Diogo Bernardes (1530-1605) mit den folgenden Zeilen eines Gedichts meinte, das er vor etwa vierhundert Jahren geschrieben hat:

Ditosa língua nossa, que estendendo
Vás já teu nome tanto, que, seguro,
Inveja a toda outra irás fazendo!

Von Fortuna begünstigt bist du, unsere Sprache,
Die du deinen Namen bereits so sehr verbreitet hast,
Dass gewiss du den Neid jeder anderen wecken wirst.

Diogo Bernardes (1530-1605), portugiesischer Renaissance-Dichter, der am Hof D. Sebastiãos und Felipes II. verschiedene Ämter innehatte. Diese Verse stammen aus O Lima, Carta IV

1. Weltsprache Portugiesisch

Georg Rudolf Lind, der 1990 verstorbene Lusitanist, ist den meisten als Herausgeber und Übersetzer von Fernando Pessoas dichterischem Nachlass bekannt. Er hat jedoch auch ein Lehrwerk geschrieben, das 1965 im Max Hueber Verlag erschienen ist und den programmatischen Titel *Weltsprache Portugiesisch* trägt. Mit diesem Titel soll offensichtlich ein wenig Druck ausgeübt werden, sich um den Erwerb der portugiesischen Sprache zu bemühen, weil diese eben nicht nur in Portugal mit seinen ca. 10 Millionen Einwohnern gesprochen wird, sondern von über 240 Millionen Menschen, die über die ganze Welt verstreut leben.

Mit der fortschreitenden Globalisierung der Kommunikation und des Arbeitsmarktes gewinnt dieses Argument mehr und mehr an Gewicht. Wer die Sprache seines Handels- oder Geschäftspartners beherrscht, öffnet Herzen und Märkte. Insofern muss man der Hamburger Schulbehörde Weitblick und Sinn für politische Realitäten bescheinigen, als sie 1985 die Möglichkeit eröffnete, vier «Weltsprachen», für die es keinen Staatsexamenabschluss gibt, von Hamburger Lehrern anbieten zu lassen, sofern diese dazu in der Lage sind: Portugiesisch, Arabisch, Chinesisch und Japanisch.

Schaut man sich die «Hitliste» der Weltsprachen an, sieht man, dass die Hamburger Behörde einen guten Griff getan hat und alle diejenigen Lügen straft, welche die neu angebotenen Schulsprachen gerne als «Exoten» belächelten. Nach der von der UNESCO 1996 herausgegebenen Übersicht wird Chinesisch nach dem Englischen von den meisten Menschen gesprochen (mehr als 1 Milliarde).

Nach der UNESCO-Übersicht wird es auch deutlich, wie wichtig es ist, außer den sehr hoch platzierten Schulsprachen Englisch (1. Stelle), Spanisch (4. Stelle), Russisch (7. Stelle) nun auch Portugiesisch (8. Stelle) anzubieten.

Man wird nun einwenden, dass diese absoluten Zahlen nichts über die weltweite Bedeutung einer Sprache aussagen. Sprachen wie Chinesisch (Mandarin), Hindi, und Bengali verdanken ihre Platzierung lediglich der Tatsache, dass sie von einer jeweils besonders großen

Statistik der Weltsprachen
Muttersprachler und Sprecher in Millionen

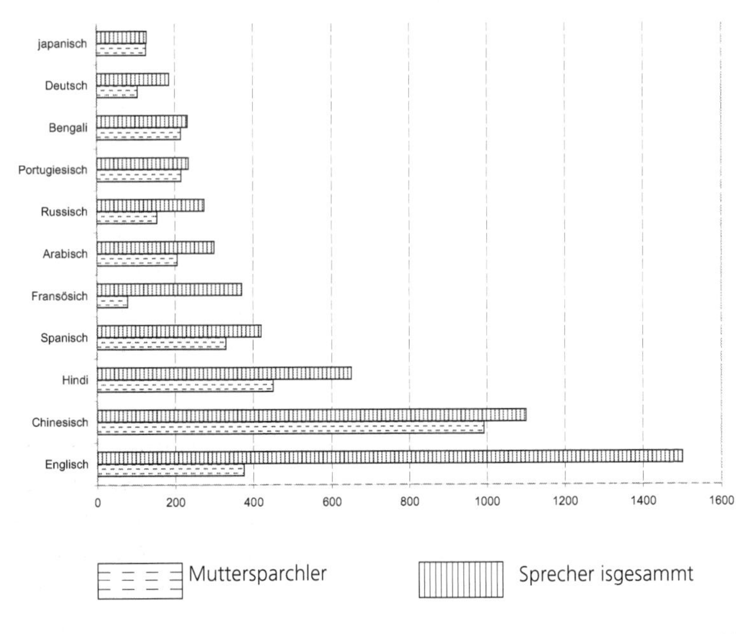

Unesco

Volksgruppe gesprochen werden. Der unaufhaltsame Aufstieg des Englischen als erste Fremdsprache auf allen Schulen der Welt (soweit dort Englisch nicht schon Muttersprache ist) ist aber gerade darauf zurückzuführen, dass Englisch eben nicht nur in Großbritannien gesprochen wird, sondern in all den Ländern, die einst von den Engländern kolonisiert wurden, also im Commonwealth und vor allem in den USA.

Dasselbe lässt sich von Spanisch (Lateinamerika!) und Portugiesisch sagen. Ende des 15. Jahrhunderts waren Spanien und Portugal die beiden Supermächte. Sie hatten im Vertrag von Tordesillas (1494) die Erde in eine westliche und eine östliche Einfluss-Sphäre aufgeteilt. Die Trennungslinie verlief 700 Seemeilen westlich der Kapverdischen Inseln, wodurch vom südamerikanischen Subkontinent ein großes Dreieck abgeschnitten wurde, das den heutigen Staat Brasilien umfasst. Brasilien wurde, ebenso wie weite Küstengebiete Afrikas und Asiens, zum Tummelplatz portugiesischer Seefahrer und Kaufleute, Missionare und Forscher, aber auch von Kriegsknechten und Piraten.

Mit sich brachten die Portugiesen nicht nur die Feuerwaffen und das Christentum, sondern vor allem ihre Sprache. Und je länger sie an einem Ort blieben, desto intensiver wurde Portugiesisch von der einheimischen Bevölkerung benutzt und übernommen (als sog. *língua franca, d.h.* Verkehrssprache). Landessprache wurde Portugiesisch dort, wo die einheimische Bevölkerung zurückgedrängt oder ausgerottet wurde, wie in Brasilien.

Ganz schwache Reste des Portugiesischen gibt es z.B. bei einem Eingeborenenstamm in NW-Australien, für die Forscher ein Indiz, dass die Portugiesen lange vor James Cook Australien entdeckt haben. Selbst im Japanischen gibt es ungefähr 30 Wörter portugiesischen Ursprungs. Die Portugiesen waren vor gut 450 Jahren die ersten, welche die Jahrtausende währende Isolation der Japaner durchbrachen. Offensichtlich sind sie dabei sehr höflich zu Werk gegangen, denn das japanische Wort für «danke» *(arigato)* ist eindeutig eine Ableitung vom portugiesischen *obrigado.* Daneben gibt es eine Reihe von Begriffen aus dem kulinarischen Bereich *(pan < pão, kopo <copo, tempura < têmpera).*

Deutlicher sind die sprachlichen Spuren der Portugiesen in Malakka, wo noch heute ein Dialekt gesprochen wird, *Cristão* genannt, der dem Portugiesischen des 16. Jahrhunderts ähnelt. Und wenn die indische Regierung nach der Übernahme der portugiesischen Kolonien an der Westküste (Goa, Diu, Damão) im Jahre 1962 das portugiesische Erbe durch Zuzug anderer ethnischer Gruppen nicht gezielt unterwandert hätte, könnte man sich dort nach wie vor auf Portugiesisch verständigen. Und schließlich hat das jüngste Mitglied der internationalen Staatengemeinschaft, Osttimor, Portugiesisch als offizielle Landessprache dekretiert.

In den übrigen ehemaligen portugiesischen Kolonien, die nach der «Nelkenrevolution» die Unabhängigkeit erlangten, hat die Ablösung vom Mutterland keineswegs die Abkehr vom Portugiesischen nach sich gezogen. Sieht man einmal von Mosambik ab, das 1995 aus wirtschaftlichen Gründen (Nähe zu Südafrika!) dem Commonwealth beigetreten ist und dadurch dem Vormarsch des Englischen die Tür geöffnet hat, ist in all diesen Ländern Portugiesisch nach wie vor die Verkehrssprache. Sie ermöglicht teilweise erst die Verständigung innerhalb dieser

Staaten, in denen, je nach Stamm oder Völkerschaft, verschiedene afrikanische Sprachen gepflegt werden.

Einen Sonderfall stellen die Kapverdischen Inseln dar, wo die Bevölkerung *Crioulo* spricht, ein Gemisch aus Portugiesisch und afrikanischen Ausdrücken. Offizielle Amtssprache ist auf den Kapverden aber natürlich das Portugiesische. Nach einer kurzen Phase der politischen Distanzierung vom ehemaligen Mutterland haben die portugiesischsprachigen Länder Afrikas (Angola, Guiné-Bissau, Cabo Verde, Mosambik, São Tomé e Príncipe) wieder ihre portugiesische Vergangenheit entdeckt und sich zu den sogenannten PALOP-Staaten zusammengeschlossen, d.h. den afrikanischen Staaten mit Portugiesisch als offizieller Sprache *(Países Africanos de Língua Oficial Portuguesa).*

Und um der portugiesischen Sprache weltweit noch mehr Geltung zu verschaffen, haben sie sich am 17. Juli 1996 zusammen mit Portugal und Brasilien zur CPLP *(Comunidade dos Países de Língua Portuguesa)*, d.h. der Gemeinschaft der portugiesischsprachigen Länder zusammengetan. Inzwischen sind noch Osttimor und Guiné Equatorial dazugekommen. Unter ihrem Dach sind neun Länder mit mehr als 240 Millionen Portugiesisch Sprechenden vereint.

2. Vom Klang der portugiesischen Sprache

An der Ribeira von Porto

In seinem Gedicht *Lisboa* zählt Gerhard C. Krischker die Verständigungsprobleme auf, die er anfangs mit den Bewohnern von Portugals Metropole hatte:

> *am anfang haben wir uns*
> *nicht gut verstanden*
>
> *deine sprache hielt ich für polnisch*

(Gerhard C. Krischker und Ansgar Leonis, Hg., Portugal im deutschen Gedicht Bamberg 1997, S. 33)

Leider reichen meine Polnischkenntnisse nicht aus, um diesen immer wieder angestellten Vergleich nachzuvollziehen. Was zeichnet den Klang der portugiesischen Sprache aus, um in die Nähe des Polnischen zu geraten?
Die Hauptmerkmale, die in diesem Zusammenhang gerne zitiert werden, sind: die Zischlaute, die Nasale und eine gewisse «Weichheit» in der Lautbildung. Um mit Letzterem anzufangen: Diese «Weichheit» wird gerne der «Kraft» des Spanischen gegenübergestellt; manche bemühen auch den unsinnigen Vergleich mit «weiblichem Element» (= Portugal) und «männlichem Element» (= Spanien). Dabei wird völlig übersehen, dass mit dem «harten, kraftvollen» Spanisch das Kastilische gemeint ist und all die «weicheren» spanischen Varianten wie z.B. Andalusisch oder die südamerikanischen Versionen außer Acht bleiben.

Und wie sieht es mit den gelegentlich als so störend empfundenen Zischlauten aus? Da müssen wir uns doch an unsere eigene Nase oder, besser gesagt, Zunge fassen. In der deutschen Sprache zischt es an allen Ecken und Enden. Wir haben sogar ein eigenständiges Schriftzeichen für diesen Laut, das *sch*. Es findet sich sowohl am Wortanfang (schade), im Wortinnern (waschen) als auch im Wortauslaut (Marsch). Das Portugiesische verfügt zwar nicht über solch ein Zeichen, dafür wird aber das *s* am Ende einer Silbe bzw. eines Wortes wie *sch* ausgesprochen (mehr dazu im Artikel 4: *Im Land des* Zischelns).

Auch wegen der Nasale müsste man nicht unbedingt das Polnische, also eine slawische Sprache, bemühen. Das Französische – wie das Portugiesische eine romanische Sprache – verfügt ebenso über Nasale. Allerdings gibt es im Portugiesischen noch mehr Nasale als im Französischen, und besonders die nasalierten Diphthonge *(ão, õe)* sind für manche deutsche Ohren extrem ungewöhnlich. All dies zusammengenommen, d.h. die Nasale, die Zischlaute und die vielen «weichen» oder stimmhaften *s* (nur im *Wort*anlaut wird das *s* scharf, also stimmlos gesprochen), gibt dem Portugiesischen einen Klang, der einmal sehr passend mit dem starken Pedaleinsatz beim Klavierspielen verglichen wurde.

Das Gefühl, dass man beim Portugiesischsprechen ständig aufs (Klavier)Pedal tritt, wird noch verstärkt durch die unterschiedliche Behandlung der Vokale, je nachdem, ob sie in einer betonten Silbe stehen oder einer unbetonten. So wird im Nebenton aus dem o ein kurzes u (Portugal wird *purtugal* ausgesprochen), das *a* wird zu einem kurzen

Stöhner (ähnlich wie das englische *a* in «a book») und das *e* verschwindet völlig (mehr dazu im Artikel 3: *Im Land der Silbenfresser*).

Eine einheitliche Aussage über den spezifischen Klang des Portugiesischen ist schon insofern schwierig, weil je nach Region das Portugiesische etwas anders ausgesprochen wird. Sieht man einmal vom *Galego* und *Mirandês* ab, die als eigenständige Sprachen gelten, und auch vom Brasilianischen mit seinen verschiedenen Ausprägungen *(Nordeste, Carioca etc.)*, so lässt sich vom Klang her ein Alentejaner (verflacht die Diphthonge, hängt gern ein *i* an ein Schluss-r) leicht von einem Algarvio (verdumpft die Vokale, z.B. *a* zu *o*), einem Azorianer (spricht *u* wie *ü*), einem Lissabonner (verschluckt die Silben - *come as sílabas*) oder gar einem Portuenser unterscheiden.

Haben Sie verstanden, was der Wirt an der Ribeira von Porto die beiden Nordlichter fragt? Hier ist die Lösung: *Então, moças! O que vai ser? Um cimbalino? Ou antes um cálice de porto?* (auf deutsch ungefähr: «Also, Mädels! Was soll's sein? Ein Kaffee? Oder lieber ein Glas Portwein?») Da hilft auch kein wildes Blättern im Wörterbuch. Wer sich mit der portugiesischen Sprache einlässt, wird sicher zu Anfang mit ihrem Klang zu kämpfen haben. Dies scheint den Engländern genauso zu gehen wie uns Deutschen. Im *Collins Cobuild Dictionary of English* (erschienen bei Pons/Klett) fand ich unter dem Stichwort *speech* folgendes bezeichnende Beispiel: *She found it difficult to acquire the speech sounds of Portuguese* (S. 1401).

Dass der Klang der portugiesischen Sprache, in diesem Falle die Aussprache eines einzigen Wortes, nämlich des Wortes *Português*, jemanden völlig aus der Bahn werfen kann, zeigt der Fall des Berner Lehrers Gregorius in Pascal Merciers Roman *Nachtzug nach Lissabon.* Der Klang dieses einen Wortes lässt ihn seine ganze bürgerliche Existenz aufgeben und noch in derselben Nacht den Zug nach Lissabon nehmen:

« ‹Was ist Ihre Muttersprache?› hatte er sie vorhin gefragt.

‹*Português*›, hatte sie geantwortet.

Das *o*, das sie überraschend wie *u* aussprach, die ansteigende, seltsam gepresste Helligkeit des *ê* und das weiche *sch* am Ende fügten sich für ihn zu einer Melodie, die viel länger klang, als sie wirklich war, und die er am liebsten den ganzen Tag lang gehört hätte.» (S. 17f)

3. Im Land der Silbenfresser

Schlent!

Deutschen geht in Portugal der Ruf voraus, sich besonders geschickt beim Erwerb der portugiesischen Sprache anzustellen. Doch immer wieder hört man Klagen darüber, wie schwierig die Aussprache des Portugiesischen ist. Und in der Tat ist die Aussprache der größte Stolperstein beim Erwerb dieser ansonsten so schönen und reichen Sprache. Im Gegensatz zum Spanischen, wo man mit drei bis vier Regeln auskommt, um jedes spanische Wort korrekt auszusprechen, verunsichert das Portugiesische durch eine sehr viel größere Bandbreite der Aussprachemöglichkeiten.

Abgesehen von der unterschiedlichen Aussprache der Vokale (so wird in unbetonter Stellung das «o» zu einem «u» und das «a» zu einem kurzen «ä» bzw. «e»), bereitet das Verschlucken ganzer Silben *(«comer as sílabas»)* dem Ausländer große Probleme. Das gilt insbesondere für das europäische Portugiesisch, weswegen sich viele Deutsche mit der brasilianischen Variante leichter tun.

Es müssen nicht immer ganze Silben sein, die dem Portugiesen nicht über die Lippen wollen. Schon das Verschleifen oder Verschlucken einzelner Vokale stellt unser Hörverständnis immer wieder auf eine harte Probe. Hauptopfer der portugiesischen Fresswut ist der Buchstabe «e». Das ist völlig korrekt und legitim, wenn es sich um ein sogenanntes «e protheticum» handelt, d.h. um ein «e» vor s+Konsonant (st, st, sc). So haben wir einige Jahre in dem schönen Ort «Schturiel» gewohnt. Kennen Sie nicht? Nun, hinter dieser Aussprache verbirgt sich «Estoril». Sie sollten also beim Erwerb des Portugiesischen von vornherein dieses «e» aus Ihrem akustischen Gedächtnis streichen. Hier ein paar weitere Beispiele: *e*scola (Schule), *e*studante (Student), *E*spanha (Spanien). All die kursiv gedruckten «e» werden nicht gesprochen und das «s» wird zu «sch». Aber Achtung, das gilt nur für ein «e», wenn es in einer unbetonten Silbe steht. In *está bem* («ist gut») ist das der Fall, weil ja das «á» betont ist, aber in *esta casa* («dieses Haus») muss es gesprochen werden, da es in betonter (weil vorletzter) Silbe steht.

Doch auch in anderen Fällen wird das unbetonte «e» gerne verschluckt. Hier zwei besonders krasse Fälle, die mir befreundete Deutsche zugetragen haben: «dschprtador» (für *despertador* («Wecker») oder «tufnar» (für *telefonar*, «telefonieren»). Beim letzten Beispiel kann man sehr schön sehen, wie das «e» auch benachbarte Konsonanten mit in die Tiefen der portugiesischen Kehle reißen kann. Ein anderes, sehr geläufiges Beispiel ist das bereits erwähnte *está*. Dies ist die 3. Person Singular des Verbs *estar* (sein, sich befinden). Hier fällt in der Umgangssprache nicht nur das «e» weg (weil prothetisch, also «schta»)), sondern auch gleich noch der folgende Zischlaut. Dieses *'tá* hört man sehr viel, nicht nur in Verbindung mit *bem*, sondern auch isoliert im Sinne von «ist ok/bin einverstanden». Ganz hart erwischt es Wörter, die nur «e» als Vokal haben, wie das Adjektiv *excelente* («ausgezeichnet»), bei dem nur ein einziges «e», nämlich das in betonter Stellung, erhalten bleibt: «schlent».

Gelegentlich werden auch andere Vokale verschluckt, so z.B. das erste «a» in *para* (für), obwohl es in betonter Silbe steht (häufig als *p'ra* im Schriftbild wiedergegeben). Aber auch das unbetonte Schluss-«a» von *para* muss manchmal dran glauben, nämlich wenn der männliche Artikel «*o*» folgt. So wird aus «*para o*» «*pro*» (ausgesprochen «pru»). So erbettelten früher arme Lissabonner Kinder am Fest des Stadtheiligen (13. Juni) *um tostão pro Sant'António* («einen Heller für den Heiligen Antonius»). Wie man an diesem Beispiel sieht, kann es auch das «o» erwischen, insbesondere vor Heiligen, deren Namen mit einem Vokal beginnt (also *Sant'* statt *Santo*). Das gilt natürlich auch für das «a» bei weiblichen Heiligen. So wird aus der Santa Ana, der Heiligen Anna, Sant'Ana oder sogar Santana.

Beim Verschlucken der Silben gibt es regionale Unterschiede. Nach meiner Beobachtung werden in Lissabon und Umgebung besonders eifrig Silben verschluckt, während man in der alten Universitätsstadt Coimbra das gepflegteste Portugiesisch spricht. Und im Alentejo, dessen Bewohner als eher bedächtig, um nicht zu sagen langsam, gelten, wird sogar dort ein «e» angehängt, wo es gar keines gibt, z.B. an ein Schluss-«r» wie bei den Infinitiven *(falar, beber, partir)*, überdeutlich wie «i» gesprochen *(falari, beberi, partiri)*.

4. Land des Zischelns

Mas nós gostamos das nossas sibilantes

Stefanie, eine sprachbegabte Schülerin, hat sich für meinen Portugiesischkurs entschieden. Doch schon nach ein paar Wochen steigt sie wieder aus, allerdings nicht ohne ihren Schritt in einem Brief zu begründen: Es sei der Klang des Portugiesischen, insbesondere die vielen Zischlaute, die sie zu diesem Schritt bewegt haben. Dieses angebliche Übermaß an Zischlauten, sog. Sibilanten, wird dem Portugiesischen häufig nachgesagt und führt zu kuriosen Erklärungen: In den vielen «sch» soll sich das Rauschen des Atlantiks widerspiegeln, und für den Schwaben Karl Mörsch ist es ein weiterer Beleg für den zivilisatorischen Einfluss der Sueben, die gut 150 Jahre den Norden Portugals besiedelt haben (429-585 n. Chr.).

Doch bei näherer Betrachtung wird im Portugiesischen nicht unbedingt viel mehr gezischt als im Deutschen. Ähnlich wie im Portugiesischen (**E**s**toril, E**s**pinho) wird auch bei uns aus dem «s» in Verbindung mit den Konsonanten «p» und «t» ein «sch», es sei denn, man kommt aus der Region Hannover/Braunschweig, wo man gerne über den ss-spitzen SSStein ssstolpert. Schön, im Portugiesischen kommen noch andere Konsonatenkombinationen dazu, die zum «sch» führen (z.B. *asneira, esfera, cosmos, esbelto* etc.). Dass aber auch ein «s» am Ende einer Silbe bzw. eines Wortes zu «sch» wird – und das kommt schon durch das Plural-s häufig genug vor *(as novas casas)* – , ist für deutsche Ohren gewöhnungsbedürftig. Es sei denn, diese befinden sich am Kopf eines Schwaben. Und im Portugiesischen wird zudem das auslautende «z» gezischt *(feliz, capaz, voz)*.

Ansonsten ist im Portugiesischen ein «s» immer ein «s». Fragt sich nur, welches – ein stimmhaftes (gesummtes) oder ein stimmloses (scharfes)? Doch dafür gibt es klare Regeln: Das «s» am Anfang eines Wortes ist immer stimmlos (**S**intra, *ser, saudade, sopa*), zwischen zwei Vokalen jedoch stimmhaft (*rosa, piso* etc.). Bei der Bewältigung der unterschiedlichen Klangqualität des «s» gibt es bei den deutschen Portugiesischlernenden ein deutliches Nord-Südgefälle. Wenn Sie unsicher sein sollten, empfiehlt sich ein ganz einfacher Trick: Legen Sie die Fingerspitze sanft auf Ihren Kehlkopf und sprechen Sie *casa* (Haus) so aus, dass sich die Stimmbänder durch leichtes Vibrieren bemerkbar machen (stimmhaftes «s»). Rührt sich gar nichts, dann haben Sie soeben das Wort *caça* («Jagd») mit einem stimmlosen «s» ausgesprochen. Denn das «ç» *(c cedilha)* wird vor «a», «o» und «u» wie ein stimmloses «s» gesprochen, ebenso wie das «c» (ohne *cedilha*) vor «e» *(centro)* und «i» *(cidade)*. (Aufpassen: Vor «a», «o» und «u» wird das «c» ohne *cedilha* wie ein «k» gesprochen!)

Die Kehlkopfprobe benötigen Süddeutsche, soweit sie Probleme haben, stimmhafte und stimmlose Sibilanten zu unterscheiden, auch für den «sch»-Laut, denn auch diesen gibt es in beiden Versionen. So wird – um zu den oben zitierten Beispielen zurückzukehren – das «sch» in Kombination mit einem stimmlosen, «harten» Konsonanten (p, t, f, q) stimmlos gesprochen (Estoril, Espinho, esfera, esquema), in Verbindung mit einem «weichen» Konsonanten (n, m, b) stimmhaft (*asneira, cosmos, esbelto*). In Verbindung mit einem Vokal findet sich das stimmhafte «sch» schriftlich wiedergegeben durch den Buchstaben «g» vor «e» und «i» *(gelado, giro)* oder mit «j» vor «a», «o» und «u» *(jarro, jogo, junho)*, gelegentlich auch vor «e» und «i» *(Jesus, jibóia)*. Das stimmlose «sch» wird als «ch» geschrieben (*chávena, chouriço, chuva, chegar* etc.), seltener als «x» *(lixo, xadrez)*. Zur Probe gleich noch mal die Fingerspitzen an den Kehlkopf: Bei *queijo* («Käse») muss er vibrieren, bei *queixo* («Kinn») jedoch nicht. Wem das alles zu kompliziert ist oder wer ähnlich wie Stefanie von der Zischelei genug hat, muss sich entweder in Nordportugal oder Brasilien niederlassen, wo die s = sch-Regeln nicht gelten, oder auf Spanisch umsteigen, wo es ohne Zischeln und ohne Stimmhaftigkeit zugeht.

5. Am Ende jault der Hund

Steht auf Ihrem Frühstückstisch auch so ein netter Abreißkalender, der Ihnen jeden Morgen auf unterhaltsame Weise Wissenswertes aus aller Welt vermittelt? Der Brockhaus-Kalender von 2003 überraschte uns am 20. Januar mit der Herausforderung: «Heute lernen Sie tausend Wörter Portugiesisch. Wetten?» Der Trick wird auf der Rückseite verraten: «Alle Wörter, die im Deutschen auf -tion enden, sind im Portugiesischen gleich, nur dass sie dort die Endung *-ção* haben.» Nun, 100%ig klappt das nicht bei allen Wörtern. So muss das -k- vor dem -tion noch gestrichen werden (Redaktion > *redação*), und bei einigen anderen Wörtern verändert sich der Stamm noch zusätzlich (z.B. Generation > *geração*), aber im Prinzip kommt man mit diesem Trick schon sehr weit.

Die Erklärung dieses Phänomens? Sehr einfach! Portugiesisch ist eine romanische Sprache, d.h. sie stammt vom Lateinischen ab. Wer also Latein auf der Schule gelernt oder Vorkenntnisse in einer anderen romanischen Sprache hat (Französisch, Spanisch, Italienisch), kann auf Anhieb große Teile eines portugiesischen Textes erschließen. Dabei ist die Endung *-ão* für das Portugiesische typisch; sie findet sich in keiner anderen romanischen Sprache. Bei der korrekten Aussprache dieses nasalisierten Diphthongs (Doppelvokals) tun sich deutsche Portugiesischlernende häufig schwer, lehnen ihn gar wegen seines «Missklangs» ab. Doch man kommt nicht um ihn herum, denn er existiert nicht nur in der Endung *-ão*. So geläufige Wörter wie *não* («nein»), *o cão* («der Hund»), *o pão* (« das Brot»), *a mão* («die Hand»), *o chão* (« der Boden»), *o grão* (« das Korn»), *tão* («so») führen ihn im Stamm.

Vor allem brauchen wir diesen Laut ständig für Verb-Endungen, speziell für die 3. Person Plural der Verben auf *-ar*. Dabei ist es für die Aussprache unerheblich, ob sie *-ão* oder *-am* geschrieben werden. Beispiel *falar: falam* («sie sprechen»), *falaram* und *falavam* («sie sprachen»). Einige unregelmäßige Verben haben im Präsens sogar die Schreibung *-ão*: *são* und *estão* («sie sind»), *dão* («sie geben»), *vão* («sie gehen, fahren»), *hão-de* («sie müssen, sie werden sicherlich»). Im Futur haben wir durchgehend die Schreibung *-ão*, auch bei den Verben auf *-er* und *-ir*: *falarão* («sie werden sprechen»), *beberão* («sie werden trinken»), *partirão* («sie werden abreisen»). Man sieht daran, dass die Tilde (diese Schlange über dem -a-) anstelle des -m- steht. In der Tat wurde sie im Mittelalter von den Schreibern als Kürzel für das -m- eingeführt.

Meinen Schülern, die sich mit der Konjugation der Verben abmühen, baue ich immer die Eselsbrücke: «Am Ende (d.h. in der 3. Person Plural) jault der Hund – *o cão*.» Und ermuntere sie, auch bei anderen Wörtern mit dem *ão*-Laut kräftig zu jaulen. Die Häufigkeit dieses portugiesischen Lauts ist auch den Herausgebern des Bordmagazins von EasyJet nicht entgangen. Ihre überraschende wie absurde Erklärung: «Lots of Portuguese words – such as Portimão and Olhão – end in *-ão*, dating back to Portugal's long connection with Macão.» (zitiert nach dem Algarve-Blog «Mac-*ão*»? Warum so viele portugiesische Wörter auf *-ão* enden, nachzulesen auf http://www.portugalforum.de/). Die englischen Herrschaften haben jedoch nicht bemerkt, dass bei Macau (denn das ist die korrekte Schreibweise!) der Hund nicht jault, sondern nur bellt. Der au-Laut ist im Portugiesischen zwar seltener, findet sich aber in so wichtigen Wörtern wie *mau* («schlecht»), *pau* («Stock») und – ähnlich wie in Macau – auch als Endung in *cacau* («Kakao»), *sarau* («Abendgesellschaft») und bei so netten Tierchen wie dem Skorpion *(lacrau)*, dem Stöcker *(carapau)* und Portugals Nationalfisch, dem Kabeljau *(bacalhau)*. Dass dieser gelegentlich zum *bacalhão* mutiert, weil jemand versehentlich dem Hund auf den Schwanz getreten ist, kommt selbst in dem ansonsten ausgezeichneten Band *Fische & Krustentiere. Algarve* von Jochen Krenz vor, der 2008 bei Editurismo erschienen ist.

6. Die Betonung macht's

Bei der Aussprache der Stadt Lagos (Algarve) scheiden sich die deutsch -französischen Geister. Wenn französische Touristen sie auf ihre Art aussprechen, kommt dabei – gemäß der Tendenz unserer westlichen Nachbarn, die letzte Silbe eines Wortes zu betonen – so etwas wie «la gosse» heraus. Was kurioserweise so viel wie «die Göre» heißt. Sagres kriegt ebenso sein Fett weg, denn «sa graisse» heißt so viel wie «sein/ihr Fett». Wir Deutschen kommen der portugiesischen Aussprache «la-gusch» schon etwas näher. Auch wenn wir das «o» nicht wie «u» und das «s» nicht wie «sch» aussprechen, stimmt zumindest die Betonung. Wir sprechen den portugiesischen Badeort so wie die ehemalige Hauptstadt Nigerias aus und liegen damit zumindest historisch richtig, denn viele Ortsnamen entlang der afrikanischen und asiatischen Küste (von Kamerun über Natal und die Molukken bis hin zu Formosa, der früheren Bezeichnung von Taiwan) gehen auf die Portugiesen zurück.

Doch wie sieht es nun mit der Betonung der portugiesischen Wörter aus? Während die Franzosen immer die letzte Silbe betonen, liegt im Portugiesischen – ähnlich wie im Deutschen – die Betonung grundsätzlich auf der vorletzten Silbe. Es geht also nicht um die erste, zweite oder dritte Silbe, sondern Sie müssen sich daran gewöhnen, die Wortsilben von hinten nach vorn zu zählen: eine mentale Feldenkrais-Übung, die Ihrem Hirn nur gut tun kann. Das Problem liegt bei «grundsätzlich». Denn ähnlich wie auf anderen Sektoren der portugiesischen Grammatik gibt es auch hier eine Reihe von Ausnahmen. Wenn Sie diese jedoch beachten, haben Sie immerhin sehr viel mehr Sicherheit als beim Erlernen des Englischen oder Italienischen, wo es keine festen Betonungsregeln gibt und Sie praktisch bei jedem neuen Wort die Aussprache mitlernen müssen.

Es gibt eine Reihe von portugiesischen Wörtern, die nicht auf der vorletzten, sondern auf der letzten Silbe betont werden. Dazu zählen alle Wörter, die in der letzten Silbe ein «i» oder «u» besitzen. Beispiel: *assim* («so») oder *peru* («Puter»). Auch ein Diphthong (Doppelvokal) hat dieselbe Wirkung (*falei* – «ich sprach», *falou* – «er/sie sprach»). Das gleiche gilt für alle Wörter, die auf ein «r» *(o motor)*, ein «l» *(o jornal)* oder ein «z» enden, das dann übrigens wie ein weiches, also stimmhaftes «sch» ausgesprochen wird (*o rapaz* – «der Knabe»). *Feliz* («glücklich») hätte somit gleich zwei gute Gründe, auf der letzten Silbe betont zu werden. Dazu kommen die Wörter, die in der letzten Silbe ein nasaliertes «a» haben, leicht zu erkennen an der Tilde, z.B. *amanhã* («morgen»).

Weniger zahlreich sind die portugiesischen Wörter, die auf der drittletzten Silbe betont werden, die so genannten *esdrúxulas*, ein Wort, das sinnigerweise selbst auf der drittletzten Silbe betont wird. Sie sind das geringste Problem beim Betonen, denn sie sind leicht zu erkennen an einem Akzent, zumeist einem *acento agudo*, einem«Akut» (á, é, í, ó, ú): *a farmácia*, *sério*, *a família*, *monótono*, *a música*, gelegentlich tragen sie auch einen Zirkumflex (*ânsia*, «die Angst»). Überhaupt der Akzent! Er hat die absolute Priorität. Wo immer Sie einen Akzent finden: Die von ihm markierte Silbe muss betont werden. Das kann die letzte Silbe sein *(café, sofá)*, aber auch die vorletzte, um so die Endbetonung auszuhebeln, z.B. in , das wegen des «i», oder *líder* (aus engl. *leader*), das wegen des «r» auf der letzten Silbe betont werden müsste, oder um Bedeutungsunterschiede zu markieren (sog. diakritischer Gebrauch), zum Beispiel zur Unterscheidung der Gegenwartsform von der Vergangenheit der ersten Person Plural der Verben auf -ar: *falamos*, «wir sprechen» – *falámos*, «wir sprachen». (siehe Kap. 36)

Die durch PC und E-Mail geförderte Vernachlässigung von Sonderzeichen wie Akzente oder Tilde kann verhängnisvolle Folgen haben. So ist es nicht egal, ob ich von den *manhãs de Portugal* den «Morgen Portugals» (Betonung jeweils auf der letzten Silbe!) spreche oder von den *manhas de Portugal*, den «Tücken Portugals». Noch peinlicher wird es, wenn ich der Schildkröte (*cágado* – Betonung auf der drittletzten Silbe!) den Akzent vorenthalte. Das Ergebnis ist echt besch... Und ähnlich fäkal geht es zu, wenn ich der Kokosnuss (*coco*) einen Akzent verpasse: *cocó* sind die Exkremente in der Kindersprache. Wie man sieht: Die Betonung macht's.

7. Vom Reichtum der portugiesischen Sprache

Man hört häufig den Spruch von Portugal als dem «Armenhaus Europas», das mit Griechenland und Irland um den untersten Rang der sozialen Skala konkurriert. Bei dieser Bewertung zählen aber nur solch dubiose wirtschaftliche Faktoren wie das Bruttosozialprodukt, das ja bekanntlich auch durch Verkehrsunfälle u.ä. gesteigert wird.

Portugals Reichtümer schlagen dabei nicht zu Buch: das Erbe seiner langen und wechselvollen Geschichte (besonders auf dem maritimen Sektor), der Reichtum seiner kulturellen Szene (von der Folklore bis zu den modernen Vertretern von Literatur, Architektur, Musik, Malerei, Film etc.), die Schönheit der Landschaft, die Gastronomie, die Freundlichkeit und Gastfreundschaft seiner Menschen.

Portugal ist also in Wahrheit ein reiches Land. Und sein größter Reichtum ist unbestritten seine Sprache. Dabei ist das Bewusstsein, eine besonders reiche und differenzierte Sprache sein Eigen zu nennen, in Portugal weit verbreitet, und zwar in allen sozialen Schichten. So hielt mir gleich in der ersten Woche, nachdem wir uns in Portugal niedergelassen hatten und eine Reparatur an unserem Haus ausführen lassen mussten, der herbeigerufene Klempner erst einmal ein kleines linguistisches Kolleg über den Reichtum der portugiesischen Sprache, in der «Zange» nicht gleich «Zange» sei: *alicate* entspricht unserer «Flachzange», während «Kneifzange» je nach Größe und Form *tenaz* oder *turquês* genannt wird.

Im Gegensatz zum Deutschen, das zur genaueren Bezeichnung eines Gegenstandes den Oberbegriff – in diesem Falle «Zange» – mit einem Zusatz versieht wie «Flach-», «Kneif-», «Rohr-» etc., der die Form oder Funktion näher bestimmt, verfügt das Portugiesische über einen ganz spezifischen Ausdruck, den man kennen muss, wenn man sich unmissverständlich ausdrücken möchte. So gibt es im Portugiesischen einen bestimmten Begriff für die vom Baum gefallene Kiefernadel *(caruma)*. Ein einziges Verb drückt aus, dass es aufhört zu regnen *(estiar)* oder dass jemand sich noch einmal überrasiert, damit er auch ganz glatt ist *(escanhoar)*. Ein anderes eindrucksvolles Beispiel sind die – je nach Tierart – verschiedenen Ausdrücke für «Herde/Rudel» oder «Schwarm»: *rebanho* (Schafe, Ziegen), *manada* (Rinder), *cabrada* oder *fato* (Ziegen), *vara* oder *vezeira* (Schweine), *cáfila* (Kamele), *matilha, cainça* oder *canzoada* (Hunde), *alcateia* (Wölfe), *bando* (Vögel), *cardume* (Fische), *enxame* (Bienen).

Der Gipfel ist sicher der spezielle Ausdruck für das Jucken oder Scheuern, welches das Pferd an einer bestimmten Rippe – war es die fünfte? – verspürt, weil ein Sattelriemen es an dieser Stelle scheuert *(cangocha)*. Mit dieser Spezifizierung erinnert das Portugiesische in mancher Beziehung an Sprachen wie das Arabische, wo es mehrere Hundert Ausdrücke für «Kamel» (je nach Alter, Größe, Farbe etc.) gibt, aber keinen Oberbegriff (Ähnliches gilt für «Schnee» in den Eskimosprachen). Der damit verbundene Reichtum des Wortschatzes hat – ähnlich wie der Artenreichtum in der Natur – etwas Faszinierendes, kann aber auch als Last empfunden werden.

So stöhnt der portugiesische Schriftsteller José Cardoso Pires in seinem Roman *O Delfim* (1968): *«... a língua pátria que herdámos é, como não se ignora, uma das mais ricas do mundo. Está cheia de bengalas por dentro e carregada de palavras a mais»* (7. Auflage von 1978, S.345). Zu Deutsch etwa: «... die Muttersprache, die wir geerbt haben, ist, wie man wohl weiß, eine der reichsten der Welt. Sie geht am Stock (wörtlich: sie ist von innen voller Spazierstöcke) und ist befrachtet mit zu vielen Wörtern.» Inwieweit Portugiesisch wirklich zu den reichsten Sprachen der Welt gehört, kann ich durch keine gesicherten Zahlen belegen. Allgemein gilt Englisch aufgrund seines doppelten Erbes (germanisch und romanisch) mit ca. 600.000 Wörtern als die wortreichste Sprache der Welt. Doch die CD-ROM-Fassung des *Dicionário da Língua Portuguesa Profissional* (Porto Editora) bietet schon alleine 500.000 Wörter, also nicht viel weniger als das Englische.

Neben einer Fülle von Spezialausdrücken hält das Portugiesische auch noch für ein- und dieselbe Sache verschiedene Ausdrücke, so genannte Synonyme, parat. So kann ich für «erschöpft/ermüdet» auf portugiesisch sagen: *acabado, arrasado, cansado, derreado, desfalecido, esfalfado, esgotado, estoirado, estafado, exausto, extenuado, fatigado, gasto, lasso, partido, pisado, prostrado, rebentado, trespassado, aos tombos, de rastos, nas lonas* etc. Natürlich sind diese Ausdrücke nicht absolut deckungsgleich. Schließlich entsprechen sie auch nicht alle derselben Stilebene: Es gibt gehobene Ausdrücke wie z.B. *exausto* einerseits und umgangssprachliche wie *estoirado/ rebentado* andererseits, wobei *cansado/esgotado* die neutrale Mitte hält.

Während meines 7-jährigen Portugalaufenthaltes faszinierte mich dieser Reichtum des portugiesischen Wortschatzes so sehr, dass ich Sammlungen von synonymen Ausdrücken anlegte und die zum Teil sehr feinen Unterschiede mit meinen portugiesischen Freunden abklärte. Diese waren selbst verblüfft über die Menge der Synonyme, die ich für manche Begriffe zusammentrug. So kam ich auf mehr als 20 Ausdrücke für «bummeln», mehr als 30 Wendungen für «Spott» oder «Hohn» und ebenso viele Ausdrücke für «sich betrinken». Für «fliehen/flüchten» fand ich ungefähr 50 Ausdrücke und für einen «Schuft» oder «Schurken» mehr als 60. Für ein Land, das sich etwas auf seine sanften Sitten (*brandos costumes*) zugute hält, überrascht die hohe Zahl für irgendwelche Prügel oder Schläge *(coça, esfrega, espancamento, estalo, murro, pancada, piparote, porrada, soco, sova, sopapo, surra, tabefe, tareia, turra etc. etc.)*. Wenn man all die Ausdrücke dazunimmt, die man gewinnt, indem man an den Körperteil oder den Gegenstand, mit dem man den Schlag ausübt, einfach die Endung *-ada* anfügt, kommt man leicht auf über 100 Ausdrücke.

Absoluter Spitzenreiter mit gut 130 Ausdrücken ist allerdings meine Sammlung von portugiesischen Bezeichnungen für «Dummkopf/ Verrückter». Hier nur eine kleine Auswahl: *alvar, azelha, basbaque, besta, bobo, boçal, burro, camelo, doido, estafermo, estúpido, idiota, ignaro, lorpa, louco, maluco, marreta, mono, nabo, pacóvio, palerma, papa-açorda, papalvo, parvo, patego, pateta, sandeu, tolo, tonto, trouxa*. Wenn Sie Lust auf mehr haben, klicken Sie die *website* der Portugiesisch-Hansaeatischen Gesellschaft an (www.phg-hh.de). Dort finden Sie die vollständigen Listen aller in diesem Artikel erwähnten Begriffe.

Die portugiesische Sprache besitzt aber nicht nur einen reichen Wortschatz. Der Reichtum der portugiesischen Sprache manifestiert sich auch in der Vielfalt und Ausdruckskraft von Redensarten und Sprichwörtern, in den verschiedenen Stilebenen vom *calão* (Slang) bis hin zur gebildeten Sprache *(língua erudita)* und schließlich in einer Grammatik, deren Formenreichtum (ich denke z.B. an die sechs verschiedenen Konjunktive, den persönlichen Infinitiv, die unregelmäßigen Plurale etc.) sicher dem Portugiesischlernenden viel Kopfzerbrechen bereitet, dem Muttersprachler jedoch das Gefühl verleiht, über ein besonders kompliziertes und damit kostbares Ausdrucksmittel zu verfügen.

8. Kleine Lexik des Körpers

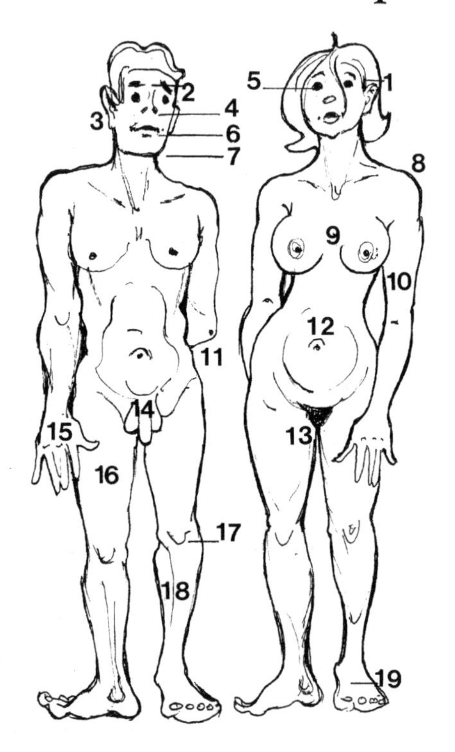

Körperteile

1	o cabelo	Haare	11	o cotovelo	Ellbogen
2	a testa	Stirn	12	a barriga	Bauch
3	a orelha	Ohr	13	a vagina	Scheide
4	o nariz	Nase	14	o pénis	Penis
5	os olhos	Augen	15	a mão	Hand
6	a boca	Mund	16	a perna	Bein
7	o queixo	Kinn	17	o joelho	Knie
8	o ombro	Schulter	18	a canela	Schienbein
9	o peito	Brust	19	o pé	Fuß
10	o braço	Arm			

Ähnlich wie die Vertreter anderer romanischer Sprachen (Franzosen, Italiener, Spanier) besitzen die Portugiesen eine ausgeprägte Körpersprache. Es sind wortlose Signale zur raschen Kommunikation, dem Ausländer nicht gleich verständlich und in keinem Lexikon nachzuschlagen. So stellt ein Portugiese die beiden gestreckten Zeigefinger T-förmig aufeinander um anzudeuten, dass etwas nur eine Minute dauert, z.B. den Wagen zu parken. Oder er schnipst mit dem Daumennagel an dem Zeigefingernagel derselben Hand als Zeichen für *lucro* (Gewinn) oder zupft sich am Ohrläppchen, um seiner Genugtuung über das gute Essen Ausdruck zu geben (ein noch höheres Lob bedeutet es, wenn er den Arm hinter den Kopf legt, um am gegenüberliegenden Ohrläppchen zu zupfen).

Doch auch bei den Bezeichnungen für die verschiedenen Körperteile gibt es Besonderheiten. So unterscheiden die Portugiesen beim Ohr zwischen *orelha* (das äußere Ohr) und *ouvido* (das innere Ohr) und beim Haar zwischen *cabelo* («Kopfhaar») und *pêlo* («Körperhaar»). Umgekehrt gibt es im Portugiesischen nur einen Begriff für Finger und Zehe: *dedo* (zur besseren Unterscheidung *dedo da mão*, «Finger», und *dedo do pé*, «Zehe»). Bei einigen Körperteilen, für die wir ein zusammengesetztes Wort (Kompositum) benötigen, verfügt das Portugiesische über eine einfache Bezeichnung: Handfläche (*palma*), linke Hand (*canhota*), Ellenbogen (*cotovelo*).

A propos *cotovelo*. Er ist der Sitz der Eifersucht (*dor de cotovelo*, wörtlich «Ellenbogenschmerz»), und wer auf den angewinkelten Ellenbogen tippt, weist den anderen wortlos darauf hin, dass es sich hier wohl um eine Frage des Neides oder der Eifersucht handelt. Kurios ist auch, dass manche Körperpartien wiederum eigene Körperteile besitzen. So hat der Fuß eine Brust (*o peito do pé*, «der Fußspann»), das Bein einen Bauch (*a barriga da perna*, «die Wade»), der Magen einen Mund (*a boca do estômago*, «die Magengrube») und die Augen haben – sehr anschaulich! – Doppelkinne (*os papos dos olhos*, «die Tränensäcke»).

Bei der überbordenden Sprachphantasie des Portugiesischen verwundert es nicht, dass es für die Körperteile eine Fülle expressiver und amüsanter Bezeichnungen gibt. Das gilt besonders für den Kopf (*bola, cachimónia, cachola, caixa-dos-pirolitos, coco, cuca, mona, pinha, testo, tola*), ganz zu schweigen von den Genitalien. Besonders zur Bezeichnung von zu großen Körperteilen gibt es eine Reihe bildhafter Ausdrücke. So werden große Ohren zu *abanos* («Fächer»), eine große Nase zur *penca* («fleischiges Kohlblatt»), ein großer plumper Fuß zur *chanca* («grobes Schuhwerk, Holzpantine»). Die Hühneraugen heißen *bicos de papagaio* («Papageienschnäbel»); umgekehrt sind die «Rebhuhnaugen» *(olhos de perdiz)* eine Bezeichnung für die *calos*, die Schwielen an den Füßen. Und wo wir schon bei den Füßen sind: hier ein aufmunternder Begriff für die von Fußpilz Geplagten: sie haben *um pé de atleta*, einen «Athletenfuß».

Und hätten Sie gewusst, was die Portugiesen mit einer *espiga* («Ähre») meinen? Es ist der Hautrand am Nagelbett. Oder die *cova-do-ladrão*, die «Diebeshöhle»? Sie bezeichnet – sehr plastisch, wie ich finde – den Teil des Nackens unter dem Haaransatz, dort, wo das Diebesgut ein gutes Versteck hat.

9. Kleines Lexikon des Fado

Wenn wir unser kleines Lexikon des Fado aufblättern, so meinen wir immer den Lissabonner Fado. Der Coimbra-Fado wird hier nicht berücksichtigt, nicht weil er vielleicht schlechter wäre; aber er stellt eine Sonderentwicklung dar, die sich eher von der italienischen Belcanto-Tradition herleitet. Beim Coimbra-Fado handelt es sich ursprünglich um Serenaden, Ständchen, welche die Studenten, in schwarze *capas* («Umhänge») gehüllt, unter dem Fenster der Angebeteten zu später Stunde darbieten. Er ist daher bis heute eine Domäne der Sänger, während der Lissabonner Fado, der nicht aus den akademischen Kreisen stammt, sondern eher aus dem Rotlichtmilieu, vor allem von Frauen geprägt ist.

Doch zuerst zum Begriff des *Fado* selbst. Über seine Herkunft wird viel spekuliert. Die gängige Erklärung ist, dass er sich von *fado = destino,* «Schicksal» (lat. fatum) herleitet. Das passt sehr schön zu dem, was man sich allgemein unter einem Fado vorstellt, nämlich einen traurigen Gesang von der Unvermeidlichkeit des Schicksals, voll portugiesischen Weltschmerzes, auch *saudade* genannt. Nur lässt diese Erklärung außer Acht, dass es auch einen anderen Typ von Fado gibt. Man unterscheidet zwischen dem getragenen Fado, dem *fado destino* («Schicksalsfado») auch *fado sentido* («Fado mit Gefühl») oder *fado triste* («trauriger Fado») genannt und dem frechen, häufig anzüglichen *fado corrido* («flotter Fado») oder auch *fado Mouraria.* Während der Erste in Moll klingt (weswegen er auch gelegentlich als *fado menor* bezeichnet wird) und langsame bis schleppende Tempi anschlägt (man spricht von einer *revoada sentimental de melancolias*, einem «gefühlvollen Schwarm von melancholischen Stimmungen»), ist der Zweite in Dur und kommt flott-hüpfend daher (er hat einen *tom brejeiro ou divertido, balanço alegre*, einen «anzüglichen oder lustigen Ton, einen fröhlichen Schwung»).

Egal ob *fado sentido* oder *fado corrido*, er muss *castiço* («rein, unverfälscht») sein, d.h. er darf nicht durchkomponiert sein wie der *fado canção* («Chanson-ähnlicher Fado»), bei dem *o fadista* oder *a fadista* («der Fado-Sänger», «die Fado-Sängerin») keine Möglichkeit der Improvisation hat. Diese Gefahr besteht weniger beim *fado vadio* (wörtlich «streunender Fado») (auch *fado amador*, «Amateurfado» genannt), d.h. dem von Amateuren in Kneipen (*tascas*, *tabernas*) und Freizeitclubs (*sociedades recreativas*) gesungenen Fado, in seinen «klassischen» Ursprungsorten (Alfama, Bairro Alto, Mouraria) heute kaum noch zu finden, allenfalls in Arbeitervierteln wie Bica, Madragoa oder Pedrouços. Im Gegensatz zum *fado vadio* steht der *fado comercial* («kommerzieller Fado»), der in den sogenannten *casas de fado* («Fadolokalen») von professionellen Fadosängern und -sängerinnen dargeboten wird. Hier herrscht *consumo mínimo* («Verzehrzwang») und dem zumeist internationalen Publikum werden die unglaublichsten Entgleisungen geboten. So wird das Publikum bei den Klängen von «Viva España» zum Mitklatschen aufgefordert oder z.B. im *Machado* (Bairro Alto) zu einer *marcha popular* (Polonaise mit Girlandenbögen) durch das Lokal animiert.

Wenn die *fadista* zum Singen ansetzt, hüllt sie sich in einen – zumeist schwarzen – *xaile.* Das ist ein Umhang, meistens aus einem dünnen, von langen Fransen gesäumten Klöppeltuch, offensichtlich eine letzte Reminiszenz an die Herkunft des Fado aus dem Prostituiertenmilieu. Übrigens ist noch heute *fado* ein Slangwort für «Prostitution». Amália war die erste, die einen schwarzen *xaile* trug, um eine größere Aufmerksamkeit auf die Stimme zu lenken. Bei dem *fadista*, umgangssprachlich auch *o faia* genannt, wird der Bezug zum Prostituiertenmilieu durch Kleidung und Körperhaltung noch heute deutlich dokumentiert: Während die *fadista* bei ihrem Gesang, besonders des *fado sentido*, fast madonnenhafte Züge annimmt (Mísia kann dies besonders gut!), lümmelt der *fadista* bewusst lässig, mit offenem Hemdkragen, Händen in den Hosentaschen und brennender Zigarette im Mundwinkel, so wie man sich eben einen Zuhälter *(chulo)* vorstellt!

Es gibt allerdings auch das totale Gegenteil, den *fadista de boné* («Mützen-Fadista»), d.h. den super-eleganten und sensiblen Dandy. Dieser trägt häufig einen *manto*, einen dunklen, ärmellosen Umhang. Diese edle Variante des *fadista* schließt an die Tradition der Adligen des 19. Jahrhunderts an, die berühmten *marialvas*, allen voran der Conde de Vimioso, mit dessen angeblichem Verhältnis zur jungen Prostituierten und Fadosängerin Severa alles begann. Diese Adligen fanden einen besonderen Reiz darin, sich fein gekleidet unter den Plebs *(escória, ralé)* der sogenannten *bairros populares* (Alfama, Bairro Alto, Mouraria, Madragoa, Bica etc.) zu mischen und ihre Vergnügungen zu teilen, d.h. auch zur Gitarre zu greifen oder selbst den *fado* zu singen. Sie gehörten damit zur *fadistagem*, der sündigen Welt des *fado*.

Noch eines haben *fado vadio* und *fado comercial* gemein: Sie erwarten vom Publikum absolute Ruhe. Die übliche Formel, die man hört, wenn der oder die *fadista* sich in Positur begibt und immer noch Unruhe herrscht, lautet: «*Silêncio que se vai cantar o fado!*» («Ruhe, denn jetzt wird Fado gesungen!»). Wer dann noch immer nicht ruhig ist, dem kann es passieren, wie ich es mit einem älteren Besucher in einer Kneipe in einem Lissabonner Vorort erlebt habe: Er wird sanft, aber unmissverständlich vor die Tür gesetzt. Nun, in den kommerziellen *casas de fado* mit touristischem Publikum ist man sicher großzügiger. Woher sollen die armen Ausländer auch wissen, dass man während des Fadovortrags nicht mit dem Besteck klappert und sich unterhält, dass man einen bis zwei Takte vor Ende des Fado Beifall klatscht (und nicht erst nach Verklingen des letzten Tons) und dass man dabei seiner Begeisterung in Ausrufen wie «*Ah, boca linda!*» («Ah, schöner Mund!») oder «*Ó fadiiiiiista!*» geräuschvoll Luft verschafft?

Bleiben noch die begleitenden Musiker. Es sind immer Männer und deswegen heißen sie auch *o guitarra* (das ist der Herr, der *a guitarra* spielt) und *o viola* (das ist sein Kollege, der *a viola* zupft). Gelegentlich kommt noch ein Bassgitarrist *(o viola baixo)* dazu. Um was für Instrumente handelt es sich dabei? Die *viola* ist die 6-saitige klassische oder spanische Gitarre, die mit ihren Bassläufen das rhythmische und harmonische Fundament liefert. Die *guitarra* ist die 12-saitige portugiesische Gitarre *(guitarra portuguesa)*, eine Weiterentwicklung der mittelalterlichen Laute. Sie ist zumeist der Star der Truppe, denn der *guitarra* kann sich auf ihr improvisierend austoben, den Gesang des oder der *fadista* mit seinen Läufen umspielen und vor allem durch *rubatos* (Glissandi) und *gemidos* (Vibrati) diesen unverwechselbaren Klang erzeugen (*a guitarra trina*, d.h. die Gitarre trillert/zirpt), der einen *fado sentido* zu einem wahren *fado choradinho* («weinerlichen Fado») oder auch *fado lamentoso* («klagenden Fado») oder auch *fado gemidinho* («seufzenden Fado») macht. Wenn dann noch die *fadista* (die männlichen *fadistas* können das nicht so gut!) am Ende des Fado mit diesem eigentümlichen, angeblich aus dem maurischen Erbe stammenden *requebro da voz* («sehnsuchtsvollen Ziehen der Stimme») in die von den Gitarren freigehaltene Fermate *(retardo)* ihre verschlungenen Melismen intonieren und «den Blues der Portugiesen» aus tiefster Kehle hinausstöhnt, dann kann selbst der hartgesottenste Hanseat nicht an sich halten: *Ô fadiiiiiista!*

10. In der Kürze liegt die Würze

Estás quente?— Estou.

Michaela S. ist Simultandolmetscherin. Sie sitzt in ihrer Kabine und rauft sich die Haare. Ausgerechnet heute, wo sie ein wenig an Schlafmangel leidet, hat sie die undankbare Aufgabe, in der Sitzung einer EU-Kommission für einen portugiesischen Politiker zu dolmetschen, der für seine blumigen und weitschweifigen Ausführungen bekannt ist. Und in der Tat lässt dieser keine Gelegenheit aus, seinen profunden Kenntnissen durch eine gespreizte Diktion Ausdruck zu verleihen. Ein Satzungetüm reiht sich an das andere, die Wortwahl ist vom feinsten. Besonders beim Einsatz der Adjektive lässt er sich nicht lumpen.

Man nennt das in Portugal einen *estilo empoleirado*: Er erinnert an einen Gockel, der sich hoch auf seiner Stange *(poleiro)* aufplustert und wichtig tut. Und ähnlich wie dieses Federvieh neigt auch der portugiesische Sprachgockel zur Wiederholung. Was wiederum Michaela S. die Arbeit erleichtert. Sie kann damit rechnen, dass bestimmte Aussagen im Laufe der Rede zwei-, dreimal wiederholt werden.

Redundanz ist aber nicht nur das Markenzeichen portugiesischer Politiker und Sonntagsredner. Man trifft auf sie allenthalben, auch bei Journalisten und Schriftstellern. Ein besonders anschauliches Beispiel ist der portugiesische Nobelpreisträger José Saramago. Bei ihm hat die Weitschweifigkeit jedoch Methode. Sie ist bewusst eingesetztes Stilmittel, das die Präsenz des Autors in ganz besonderem Maß gewährleisten soll. Anders liegt der Fall bei Journalisten, deren mangelnde Prägnanz eher nervig ist und die einem die Lektüre mancher portugiesischer Zeitung verleidet.

«Natürliche», d.h. durch die Sprache vorgegebene Redundanz entsteht allenfalls durch die Formel *é que*. Sie kommt vor allem im mündlichen Gebrauch zum Einsatz, insbesondere bei der Fragebildung. So hört man Portugiesen häufig fragen: *Como é que se chama?* («Wie heißen Sie?») statt einfach *Como se chama?* Oder *Onde é que mora?* statt *Onde mora?* («Wo wohnen Sie?»). Umgekehrt hat das Portugiesische mit dem Infinitiv eine elegante Art der sprachlichen Verknappung. Im Portugiesischen gibt es sogar einen persönlichen Infinitiv, der im Deutschen keine Entsprechung hat. Man vermeidet durch ihn einen umständlichen Nebensatz. So würde das deutsche «Es ist besser, dass du gleich kommst» im Portugiesischen *É melhor vires já* lauten. Man könnte – wie im Deutschen – auch *É melhor que venhas já* sagen. Doch dazu benötigt man den Konjunktiv, der selbst von den Portugiesen zugunsten des Infinitivs gemieden wird.

Wenn die Portugiesen irgendwo verkürzen, dann ist es vor allem bei der Aussprache. *Eles comem as sílabas* («Sie essen die Silben») wird besonders gerne den Lissabonnern nachgesagt (dazu das Kapitel 3 *Im Land der Silbenfresser*). Verschluckt werden insbesondere die Buchstaben e und a, soweit sie nicht in einer betonten Silbe stehen. Gelegentlich werden auch gleich ein paar benachbarte Konsonanten mit verschluckt (*sior* statt *senhor*, *tufnar* statt *telefonar*). Grundsätzlich wird das so genannte *e protheticum*, d.h. das e vor s+Konsonant nicht ausgesprochen *(schkola* für *escola*, *Schtoril* für *Estoril)*. Bei dem Hilfsverb *estar* erwischt es gleich auch noch den anschließenden Zischlaut *sch* (*tá bom* statt *está bom*). Das *tá* wird inzwischen, wohl unter Einfluss des Brasilianischen, gerne im Sinne von «o.k.» eingesetzt. Und wenn ein Usbeke den anderen fragt *Taschkent?* und dieser *tou* antwortet, so ist das ein Wortspiel mit *Estás quente?* («Ist dir warm?») – *Estou* («Ja, ist mir.»)

Die Portugiesen lieben zwar Abkürzungen (dazu das Kapitel 12 *Aküfi auf Portugiesisch*), sie kappen aber lange Wörter nicht so wie die Franzosen (*prof* für *professeur*, *manif* für *manifestation*) oder auch gelegentlich die Deutschen *(Abi, Navi, Soli)*. Ausnahme: das von vielen als längstes portugiesisches Wort angesehene *otorrinolaringologista* (HNO-Arzt). Hier muss *otorrino* genügen, immerhin auch noch ein viersilbiges Wort (dazu der Artikel *Portugals längstes Wort*). Verkürzt werden auch einige Vornamen: *Guida* für *Margarida*, *Ção* für *Conceição* und bei den Männern *Tó* für *António* und *Zé* für *José*. Gegen diese Verknappung wirken dann wieder die Kräfte der Verniedlichung und Zärtlichkeit der portugiesischen Sprache, die aus dem einsilbigen *Zé* einen zweisilbigen *Zeca* oder gar dreisilbigen *Zezinho* machen.

11. Die Kleinsten sind die (All) Gemeinsten

Sicher haben Sie es auch schon bemerkt: Beim Erschließen eines portugiesischen Textes sind die langen Wörter häufig das geringere Problem. Begriffe wie *construção*, *funcionário* oder *prioridade* erkennen wir ohne Mühe, da sie denselben lateinischen Ursprung haben wie der entsprechende Begriff im Deutschen. Anders sieht es bei den Wörtern aus, die nur aus einem, zwei oder drei Buchstaben bestehen. Es sind die Allerweltswörter, die in der Rangfolge des *Português Fundamental* (das ist die Liste der 2.217 meist gebrauchten portugiesischen Wörter) an oberster Stelle stehen und deren Gebrauch vielfältig und tückisch ist.

Nur einen Buchstaben brauchen wir für das deutsche «und»: *e*, nicht zu verwechseln mit *é* («er, sie, es ist»). Auch eine der meistgebrauchten Präpositionen kommt mit einem Buchstaben aus: *a* (genauso ausgesprochen wie *há* – «es gibt»). Deutsche Bedeutung? Abgesehen von der Grundbedeutung «in/zu» gibt es so viele Anwendungen, dass diese einen eigenen Beitrag verdienten. Ähnlich ist es mit den anderen Allerweltspräpositionen *de* («von/aus»), *em* («in») und *por* («für/durch»), nicht zu verwechseln mit *pôr* («setzen/stellen/legen»). Hinzu kommt dass diese Präpositionen selten in Reinkultur auftreten, da sie mit dem nachfolgenden Artikel *o(s)* oder *a(s)* verschmelzen: *às* (= *a* + *as*) *sete horas* («um 7 Uhr»), *é do* (= *de* + o) *Rio* («er/sie kommt aus Rio»), *na* (= *em* + *a*) *rua* («auf der Straße»), *obrigado pelas* (= *por* + *as*) *flores* («danke für die Blumen»).

Auch bei den Verben sind die Kleinsten die (All)gemeinsten, allen voran *ir* («gehen/fahren»), das praktisch nur aus der Endung besteht. Das gilt auch für das Imperfekt: *ia*, *ias*, ia, *íamos* («ich ging/fuhr», «du gingst/fuhrst» etc.). Die Gegenwartsformen hingegen scheinen äußerlich mit dem Verb überhaupt nichts zu tun haben: *vou*, *vais*, *vai*, *vamos*, *vão*. Der Gipfel der «Gemeinheit» ist jedoch die einfache Vergangenheit (*pretérito perfeito simples*). Sie ist identisch mit dem des Verbs *ser* («sein»): *fui*, *foste*, *foi*, *fomos*, *foram* («ich ging/fuhr» bzw. «ich war» etc.).

Auch die beiden kurzen (drei Buchstaben!) zum Verwechseln ähnlichen Verben *ver* («sehen») und *vir* («kommen») sind nicht so leicht auseinanderzuhalten. Bitte nicht verwechseln: *vê* («er sieht»), *vem* («er kommt»), *vêm* («sie kommen»), *vêem* («sie sehen»), *vim* («ich kam»), *vi* («ich sah»). Andere kurze, unregelmäßige Allerweltsverben sind: *ser* («sein»), *pôr* («setzen/stellen/legen»), *ter* («haben») und *dar* («geben»).

Und dann ist da die ganze Heerschar der kleinen Flickwörter, der Partikel, die das gesprochene Portugiesisch erst so typisch und geschmeidig machen. Es sind all die *cá*, *lá*, *aí*, *ali*, *já*, *só*, *mas*, *até*, *nem* etc. Sie können je nach Zusammenhang unterschiedliche Bedeutung haben. So bezeichnet *lá* einen entlegenen Ort («dort»), dient aber auch dazu, die eigene Aussage belangloser, unverbindlicher zu gestalten (*lá pelas oito* – «so gegen 8 Uhr», *sei lá* – «was weiß ich»). Dagegen drückt *cá* Nähe aus, bezieht den Sprecher und seine Umgebung ein (*cá por nós* – «was uns angeht»/»hier bei uns»). Und wenn man mit jemandem auf Du und Du steht, dann duzt man ihn überall: «du hier und dort» (*tu cá tu lá*).

Zeitliche Nähe drückt das *já* («schon/gleich») aus. Die Verneinung *já não* bedeutet «nicht mehr», während *ainda não* dem deutschen «noch nicht» entspricht. *Mas* («aber») darf man nicht verwechseln mit *más* (weiblich Plural von *mau* – «schlecht», z.B. *más notícias* – «schlechte Nachrichten») oder mit *mais* («mehr»). *Só* bedeutet als Adverb «nur», aber auch «erst» (was für Deutsch lernende Portugiesen ein Problem darstellt), und als Adjektiv «alleine/einsam». So fordert ein begeistertes portugiesisches Konzertpublikum eine Zugabe mit *Só mais uma!* («Nur noch einen!»), während der Diktator Salazar die durch sein Regime von der Weltöffentlichkeit isolierten Portugiesen stolz als *orgulhosamente sós* («auf stolze Weise allein/einsam») bezeichnete. Bände füllend sind die «Gemeinheiten» des kleinen Wörtchens *se* (nicht zu verwechseln mit *si*, das betonte «Sie» bzw. «sich», d.h. nach Präpositionen, oder *sim* – «ja»). Es dient als Reflexivpronomen (*lava-se* – «er wäscht sich») und wird als solches im Sinne von deutsch «man» benutzt (*fala-se português* – «man spricht Portugiesisch»). Als Konjunktion, d.h. Bindewort zur Verknüpfung von Haupt- und Nebensatz («wenn/falls») verlangt es zumeist den Konjunktiv. *Se Deus quiser* (= Konjunktiv des Futurs von *querer*) – «so Gott will» antworten viele Portugiesen, wenn sie sich mit einem *«Até amanhã»* – «Bis morgen» von einander verabschieden. (mehr dazu im Kap. 34 *Kür mit Konjunktiv*)

12. Aküfi auf Portugiesisch

«Bartoon» *Público*, 28.7.1994

Häufig werden portugiesische Zeitungsleser mit Überschriften konfrontiert wie «Der SIS ist nicht die PIDE» (*Público*, 6.3.1998) oder «Sousa Franco einverstanden mit der OPA des BPI über den BFE» (*Expresso*, 26.1.1996). Was sich hinter diesen Abkürzungen verbirgt, wird dann im Allgemeinen im nachfolgenden Artikel enthüllt. Es kommt aber auch vor, zumal in kürzeren Beiträgen, dass dem Leser diese Information vorenthalten wird, wie in dieser Notiz, dass ein ehemaliger Dozent des ISEG das Amt des Programmleiters des Studienkabinetts des PEDIP aufgibt, um die Stelle des Verwalters des IAPMEL zu übernehmen.

Dieser Abkürzungsfimmel (Aküfi) ist keine Spezialität der Portugiesen; man begegnet ihm auch täglich in deutschen Zeitungen. Wie es scheint, ist es eine anglo-amerikanische Erfindung. Im 1. Weltkrieg waren in der britischen Armee Abkürzungen weit verbreitet, um Militäreinheiten und Kommandoposten zu bezeichnen. Die Methode kam in Mode. Nach dem Krieg gab es eine ganze Reihe von nationalen und internationalen Organisationen, die mit Buchstaben bezeichnet wurden. Heute tummeln sich Kürzel vor allen in technokratischen Veröffentlichungen wie im *Diário do Governo*, dem portugiesischen Regierungsblatt. Sie sind eine wahre Plage. Klar, Abkürzungen sparen Platz und Druckerschwärze und schon die Schreiber des Mittelalters bedienten sich ihrer. Nur, damals waren die Abkürzungen allgemein bekannt, während in unseren Tagen – wie uns António da Silva Leal in einem Artikel warnt, den er bereits am 28.7.1984 im *Diário de Notícias* (DN) veröffentlich hat – «einige der Abkürzungen von heute den Linguisten und Historikern von morgen Rätsel aufgeben können».

Dies wird sicher der Fall sein bei den Tausenden und Abertausenden von Abkürzungen von Unternehmen und Institutionen wie Gesellschaften, Klubs, Vereinigungen, Räte, Ausschüsse, Institute, Parteien und Gewerkschaften. Existieren die einmal nicht mehr, gerät die Bedeutung ihrer Siglen schnell in Vergessenheit. Andere wiederum sind so bekannt, dass die Zeitungen sich nicht mehr die Mühe machen, sie zu entschlüsseln. Hier nur ein paar Beispiele: AML, AR, BD, BT, CCB, CE, CF, CREL, CRIL, Deco, EDP, Enatur, EUA, FA, FENPROF, FIL, FMI, GNR, GP, ICEP, INATEL, IP, IPPAR (Ippar), IVA, Lda, Lx, MFA, MP, MPB, ONU, OPA, PCP, PIB, PIDE, PM, PR, PS, PSD, PSP, RDP, SA, SARL, SIC, SIDA (Sida), SIS, TC, TVI, UE, Unita. Ohne zu wissen, was die einzelnen Buchstaben innerhalb dieser Abkürzungen bedeuten, weiß der Portugiese, wofür diese Kürzel stehen. Für Zweifelsfälle empfehlen wir das nachstehende Verzeichnis. Eine sehr viel umfänglichere Liste finden Sie auf der Homepage der Portugiesisch-Hanseatischen Gesellschaft:www.phg-hh.de

Inzwischen sind die Abkürzungen sogar in das gesprochene Portugiesisch vorgedrungen. Dies geschieht auf ganz natürliche Weise, wenn die Abkürzungen Vokale enthalten und somit wie richtige Wörter ausgesprochen werden können (so genannte Akronyme). So würde im Falle der portugiesischen Luftfahrtgesellschaft niemand T-A-P sagen sondern immer «tap». Sie werden wie richtige Substantive behandelt mit Artikel und Plural oder es werden davon Verben abgeleitet. So titelte der JF – pardon, *Jornal do Fundão* – am 16.5.2003: «*Etares scutizadas*» (auf Deutsch etwa: «scutisierte Etare»). Damit wird auf knappe und praktische Weise ausgedrückt, dass bestimmte Kläranlagen für den Benutzer kostenfrei sind. Wer nicht weiß, was die Abkürzungen ETAR und SCUT bedeuten, versteht natürlich nur Bahnhof. Man hört in Portugal aber auch Abkürzungen ohne Vokale, z.B. wenn ein älterer Fußballspieler, der mal wieder einen Pass verfehlt, flucht: «pdi!»

(= *puta da idade*, zu Deutsch etwa: «Sch... Alter!), oder wenn jemand beteuert, er habe Anstrengungen unternommen q.b. (= *quanto baste*, auf Deutsch etwa: «bis zum Geht-nicht-mehr»). Der Karikaturist Luís Afonso kritisiert diesen Abkürzungswahn in der Person eines Barkeepers, der seinen Kunden besser verstanden hätte, wenn er eine IBG statt *uma imperial bem gelada* (ein «gut gekühltes Halbes») bestellt hätte (*Público*, 28.7.1994).

In ihrer Neigung zum Humor bedienen die Portugiesen sich auch der Abkürzungen für Späßchen und Wortspiele. So wurden die Anhänger des MRPP, einer revolutionären Vereinigung zu Zeiten des 25. April, *meninos rabinos que pintam paredes* («ungezogene Jungs, die auf die Wände malen») genannt. Diese spaßige Entschlüsselung wird sicherlich länger im Gedächtnis bleiben als die eigentliche: *Movimento Reorganizativo do Partido do Proletariado)*. Und um sich über die nordportugiesische Aussprache lustig zu machen, wird die Abkürzung PBX (*Private Branch Exchange*) – ein Begriff, der im Zeitalter des digitalen Telefons gänzlich unbekannt ist – mit *por bários xítios* (= *por vários sítios*, «für verschiedene Orte») erklärt.

Die Tatsache, dass manche Kürzel mehrere Bedeutungen haben (einige Beispiele finden sich im Kästchen), kann Anlass zu Witzeleien geben. So scherzte der Politiker Ferro Rodrigues, als er zum Leiter des MES (*Ministério do Equipamento Social*, Ministerium für Soziales) ernannt wurde: «Ich bin wieder im MES», womit er auf seine Vergangenheit als extrem Linker anspielte, als er sich im *Movimento da Esquerda Socialista* (Bewegung der sozialistischen Linken) engagierte. Und es sei an die Verwirrung durch Kürzel erinnert, der 2002 der damalige Minister Carlos Tavares zum Opfer fiel. Eines Tages rief bei ihm jemand an, um mit Sr. Tavares über eine Schiedsrichterentscheidung zu sprechen. Es war nicht ganz leicht, die Verwechslung aufzuklären. Der Herr Tavares, den der Anrufer sprechen wollte, war der Präsident der APAF (*Associação Portuguesa de Árbitros de Futebol*, des portugiesischen Schiedsrichterverbandes), während der Minister Tavares früher einmal Präsident der *Associação Portuguesa de Analistas Financeiros* (portugiesischer Analystenverband) war, der sich ebenfalls APAF abkürzte.

Natürlich konnten auch die Künstler der Versuchung der Abkürzungen nicht widerstehen. Es waren vor allem die Musiker und Dichter der Nelkenrevolution, die bei ihren antikapitalistischen Angriffen bestimmte Siglen aufs Korn nahmen, wie José Mário Branco in seiner berühmten Attacke gegen den FMI, den IWF (Internationaler Währungsfonds) und das Gedicht *Sigla* von Ary dos Santos, in dem er eine vehemente Attacke gegen die SARL (zu Deutsch GmbH) reitet.

Einige der geläufigeren Abkürzungen

AML – Área Metropolitana de Lisboa
AR – Assembleia da República
BCP – Banco Comercial Português
BD/bd – banda desenhada
BES – Banco Espírito Santo
BPA – Banco Português do Atlântico
BT – Brigada de Trânsito
CCB – Centro Cultural de Belém
CE – Comunidade Europeia (ou : Conselho de Estado)
CF – Caminho de Ferro
CMVM – Comissão do Mercado de Valores Mobiliários
CREL – Circular Regional Externa de Lisboa
CRIL – Circular Regional Interna de Lisboa
Deco – Associação de Defesa do Consumidor
EDP – Eletricidade de Portugal
Enatur – Empresa Nacional de Turismo
ETAR – Estação de tratamento de águas residuais
EUA – Estados Unidos da América
FA – Forças Armadas
FENPROF – Federação Nacional dos Professores
FIL – Feira Internacional de Lisboa
FMI – Fundo Monetário Internacional
GNR – Guarda Nacional Republicana
GP – Grande Prémio
ICEP – Investimentos, Comércio e Turismo de Portugal
INATEL – Instituto Nacional de Apoio aos Tempos Livres
IP – Itinerário Principal
IPPAR/Ippar – Instituto Português do Património Arquitetónico e Arqueológico
IVA – Imposto sobre o Valor Acrescentado

Lda – Limitada
Lx – Lisboa
MFA – Movimento das Forças Armadas
MP – Ministério Público
MPB – Música Popular Brasileira
ONU – Organização das Nações Unidas
OPA – Oferta Pública de Aquisição
PCP – Partido Comunista Português
PIB – Produto interno bruto
PIDE – Polícia Internacional de Defesa do Estado
PM – Primeiro-ministro (ou: Polícia Militar)
PR – Presidente da República
PS – Partido Socialista
PSD – Partido Social-Democrata
PSP – Polícia de Segurança Pública
RDP – Radiodifusão Portuguesa
RTP – Radiotelevisão Portuguesa
S.A. – Sociedade Anónima
SARL –Sociedade Anónima de Responsabilidade Limitada
SCUT – sem custo para o utilizador
SIC – Sociedade Independente de Comunicação
SIDA/Sida – Sindroma de Imunodeficiência Adquirida
SIS –Serviços de Informação de Segurança
TC – Tribunal Constitucional (ou : Tribunal de Contas)
TVI – Televisão Independente
UE – União Europeia
Unita – União Nacional para a Independência Total de Angola

13. Portugals längstes Wort

A cabeleireira

Die deutsche Sprache bietet die wunderbare Möglichkeit, durch das nahtlose Zusammenfügen von Substantiven neue Wörter zu bilden. Das ist sehr praktisch, kann aber auch zu solchen Wortungetümen wie dem berühmten «Donaudampfschifffahrtsgesellschaftskapitän» führen. Im Portugiesischen lässt sich das nicht nachvollziehen. So müsste man diesen langen Titel umschreiben mit *capitão da companhia dos vapores do Danúbio*, d.h. in seine vier Bestandteile zerlegen und diese mit der entsprechenden Form der Präposition *de* verbinden.

Häufig ist dies nicht nötig, weil die Portugiesen für einen solchen zusammengesetzten Begriff ein einfaches Wort haben, so z.B. *canja* für «Hühnersuppe» (die übrigen Suppen müssen mit *de* operieren: *sopa de peixe* («Fischsuppe»), *sopa de legumes* («Gemüsesuppe») etc. Oder bei den Körperteilen: *palma* für «Handfläche», *rótula* für «Kniescheibe», *cotovelo* für «Ellenbogen». Überhaupt drängt sich dem Portugiesischlernenden (welch schönes Kompositum!) der Eindruck auf, dass das Portugiesische über mehr kleine Wörter verfügt als das Deutsche, aber dass gerade die kleinsten die gemeinsten sind (siehe Kapitel 11).

Das soll aber nicht heißen, dass es nicht das eine oder andere portugiesische Wort gibt, das uns wegen seiner Länge Kopfschmerzen bereitet. So ging meiner Frau am Anfang unserer Portugaljahre das Wort für «Frisörin» schwer über die Lippen: *a cabeleireira.* Das ist zwar kein Kompositum, aber durch die Anhängung von gleich zwei Suffixen etwas unübersichtlich geraten. Das Grundwort ist *o cabelo*, «das Haar/die Haare». Durch die Endung *-eira* wird daraus *a cabeleira*, «der Haarschopf», und durch ein weiteres *-eira*, das den Berufsstand anzeigt, der sich mit der *cabeleira* beschäftigt, wird daraus die *cabeleireira.* Als Mann hatte ich es da einfacher, da ich zum *barbeiro* ging, selbst wenn ich keinen Bart (*a barba*) zu rasieren hatte.

Dafür schlug ich mich mit so schönen Wörtern herum wie *paralelepípido*, dem für das Kopfsteinpflaster verwendeten Stein, oder dem *otorrinolaringologista*, der portugiesischen Bezeichnung für den Hals-Nasen-Ohren-Arzt. Es ist ein gutes Beispiel dafür, wie im Portugiesischen, insbesondere im medizinischen Bereich, durch Aneinanderreihung von Fachtermini aus dem Lateinischen oder auch Griechischen wahre Wortungeheuer entstehen können. Entschärfen wir es einfach mal. Hier sind die drei Sparten des HNO-Arztes in umgekehrter Reihenfolge gegenüber dem Deutschen aufgeführt: *oto-* bezieht sich auf die Ohren (so ist eine *otite* eine Ohrenentzündung), *rino-* auf die Nase (bekanntlich ist ein *rinoceronte* ein Nashorn), *laringo-* auf den Hals und *-logista* ist eine Endung zur Bezeichnung für einen Wissenschaftler bzw. jemanden, der etwas von der Sache versteht.

Selbst wenn Sie das Wort jetzt durchschauen und es sich damit besser einprägen können, brauchen Sie es nicht in Gänze zu beherrschen. Machen Sie es wie die Portugiesen und fragen einfach nach einem *otorrino.* Man liest häufig, dass *otorrinolaringologista* das längste portugiesische Wort sei. Der Blogger Ângelo Paulo ist in seinem informativen Portal

«Planet Portugal» der Sache nachgegangen und hat mit *anticonstitucionalissimamente* das längste offizielle Wort im *Dicionário Completo da Língua Portuguesa* gefunden. Es hat noch 7 Buchstaben mehr als der *otorrinolaringologista*, ist aber nicht mal ein Kompositum wie dieses, sondern das durch eine Vorsilbe (*anti-*) und zwei angehängte Endungen in die Länge geratene Adjektiv *constitucional*. Die Endung *-issima* ist eine Form des Superlativs zur Bezeichnung für etwas, das in besonderem Maße der Fall ist (z.B. *caríssimo/a* = «sauteuer» (dazu mehr im Kapitel 17) und die Endung *-mente* macht aus dem Adjektiv ein Adverb. Wörtlich übersetzt hieße das längste offizielle portugiesische Wort also «auf höchste Weise verfassungswidrig».

Ângelo Paulo führt in seinem Blog dann noch ein paar Begriffe aus dem medizinischen und pharmazeutischen Bereich an, die das längste offizielle portugiesische Wort noch um Längen schlagen. Es sind aber Kunstwörter, von denen wir den Leser lieber verschonen möchten.

14. Die Sprache der Krise
Zur Wahl des Wortes 2011

2011. In Portugal herrscht die Krise. Und dies schlägt sich auch in der Sprache nieder. *A crise* ist das Wort, das wohl am meisten im Munde geführt wird. In der Liste der 10 Erstplazierten bei der Wahl zum *Wort des Jahres 2011* taucht es zwar noch nicht auf, doch dafür haben fast alle anderen mit der Krise zu tun.

Gleich auf dem ersten Platz landete das Wort *austeridade* («Strenge», «Sparsamkeit»). Es nimmt Bezug auf die strengen Sparmaßnahmen *(medidas rigorosas)*, welche die portugiesische Regierung unter dem Druck der *troika* (dieses Wort lag gleich an dritter Stelle) ergriffen hatte: Kürzungen des Mindestlohns *(ordenado mínimo)* auf 485 Euro monatlich und der Bezüge der Staatsdiener *(cortes nos vencimentos)*. So wurden ihre Urlaubsgelder, die *subsídios de férias* (10. Platz), gestrichen, d.h. seit 2011 gibt es weder ein 13. noch ein 14. Gehalt.

Sehr umstritten in ihrer Wirksamkeit sind die Abschaffung von Feiertagen *(abolição de feriados)*, darunter zweier Nationalfeiertage von fundamentaler Bedeutung für das nationale Bewusstsein wie der 5. Oktober (Gründung der Republik, die vor zwei Jahren feierlich zum hundertsten Mal begangen wurde) und der 1. Dezember (Erlangung der Unabhängigkeit vom benachbarten Spanien im Jahre 1640).

Die Maßnahmen zeigten bald erste Wirkungen. So stieg die Arbeitslosigkeit (*desemprego,* 7. Platz), vor allem unter Jugendlichen. Mehr als 40% der Arbeitnehmer unter 25 sind nach wie vor arbeitslos, andere machen ein Volontariat (*voluntariado*, 6. Platz) und vermehren somit das große Heer des Präkariats (*precariado*) oder wandern aus (das Wort *emigração* lag an 9. Stelle). Neben der Verarmung der unteren Schichten (*o empobrecimento das classes mais baixas*) ließ sich auch eine fortschreitende Zerstörung der Mittelschicht *(uma progressiva erosão da classe média)* beobachten.

Im Kielwasser der wirtschaftlichen Rezession *(recessão económica)* bot sich ein deprimierendes Szenarium von Pleiten *(falências)*, Bankrotten *(bancarrotas)*, Entlassungen *(despedimentos)*, rückläufigen Investitionen *(um recuo de investimento)* und einer derart verarmten Bevölkerung, dass sie immer häufiger «beim Chinesen» (*na loja do chinês*) einkauft oder sich nur noch mit den Hausmarken *(marcas brancas)* der Supermärkte eindeckt.

Der Ausdruck *à rasca*, was so viel heißt wie «verzweifelt», «hoffnungslos», aber auch «blank», «pleite», «ohne Arbeit», «ohne Aufstiegschancen», besonders im Zusammenhang mit den jungen Leuten, der so genannten *geração à rasca* (entspricht ungefähr unserer «Generation Praktikum»), bezieht sich heute auf die gesamte Bevölkerung. So spricht man schon von einem *país à rasca* oder, wie es der Kommissar der Europäischen Union José Manuel Durão Barroso zu Zeiten formulierte, als er portugiesischer Premierminister war, wobei er sich einer umgangssprachlichen Wendung aus Brasilien bediente: *O país está de tanga* (wörtlich: «Das Land steht im Tanga», wir würden sagen: «im Hemd»).

Zurück zur Liste der Wörter des Jahres 2011. Es fehlen uns noch vier. Zwei davon (*charter* an 4. Stelle und *sushi* an 8. Stelle) haben zwar nichts mit der Krise zu tun, zeigen aber, dass die Globalisierung (*globalização*) trotz allem voranschreitet. Auf dem 5. Platz landete *fado*, wahrscheinlich weil der Fado im Jahr davor von der UNESCO zum immateriellen Weltkulturerbe erklärt wurde. Man hat schon früher den Fado (in seiner Moll-Version, dem *fado triste*, im Gegensatz zum fröhlichen Fado, dem *fado corrido*) mit der augenblicklichen wirtschaftlichen Misere in Verbindung gebracht und, um diese Parallelität zu unterstreichen, gerne den Refrain des Fados *Tudo isto é triste* zitiert. Er lautet: *Tudo isto existe//Tudo isto é triste//Tudo isto é fado* («Alles dies existiert//Alles dies ist traurig//Alles dies ist Fado» (d.h. «Fado», aber auch «Schicksal»).

Fehlt nur noch das zweitplatzierte Wort. Und dies ist eine positive Überraschung und Licht am Ende des Tunnels unserer Reise auf den düsteren Wegen der Sprache der Krise. Es ist das Wort *esperança* («Hoffnung»). Dass es gleich nach *austeridade* auf den 2. Platz gewählt wurde, ist für mich ein Zeichen dafür, dass die Portugiesen sich trotz aller Schwierigkeiten nicht unterkriegen lassen, sich ihren Verpflichtungen stellen und auf bessere Tage hoffen.

15. An der Kandare der Troika
Zur Wahl des Wortes des Jahres 2012

Wohl dem, der sich eine Troika leisten kann! Solch ein Dreigespann mit einem trabenden Pferd in der Mitte und zwei galoppierenden Außenpferden war im zaristischen Russland Symbol für Reichtum und Macht der Großgrundbesitzer. Portugal hat seit ein paar Jahren nun auch eine Troika im Stall: die Europäische Union (EU), die Europäische Zentralbank (EZB) und den Internationalen Währungsfonds (IWF, auf portugiesisch FMI). Doch so richtig glücklich ist niemand über diese Troika, denn statt dreier zugkräftiger Pferde, die man tüchtig an die Kandare nehmen kann, um die portugiesische Staatskarosse flott zu machen, fühlen sich die Portugiesen von dieser Troika selbst an die Kandare genommen – *entroikado* nämlich.

Sie werden dieses Wort vergeblich im Lexikon suchen, denn es ist ein Neologismus, eine Wortneuschöpfung. Trotzdem hat es nicht nur den Weg in die Liste der 10 Begriffe gefunden, die ein Experten-Team des Schulbuchverlages *Porto Editora* seit 2009 zur Wahl des «Wortes des Jahres» *(palavra do ano)* stellt, sondern wurde sogar auf den ersten Platz gewählt. Während 2009 das Wort *esmiuçar* («etwas kleinteilig erklären, auseinandersetzen») das Rennen machte, wurde 2010 – ganz im Zeichen der Fußballweltmeisterschaft in Südafrika – *vuvuzela* gewählt. Im Jahr darauf wurde mit *austeridade* – eine Bezeichnung für die durch die Troika auferlegte Sparpolitik – bereits ein Begriff zum Sieger gekürt, der die augenblickliche Krise widerspiegelt.

Gleich an dritter Stelle lag damals schon *troika.* Und nun sogar *entroikado.* Die Schöpfer dieses Begriffes haben nicht ungeschickt eine Wortform gebildet, in der sich die ganze Ohnmacht und Wut vieler Portugiesen über die augenblickliche wirtschaftliche Situation ausdrückt: Es ist das Partizip Perfekt eines (nicht existenten!) Verbs *entroikar.* Die Endung *-ado*, weiblich *-ada* (bei den Verben auf *-er* und *-ir* heißt es entsprechend *-ido* bzw. *-ida*) bezeichnet, dass eine Sache abgeschlossen, «gelaufen» ist. Man braucht diese Verbform vor allem, um das Passiv zu bilden und auszudrücken, dass etwas mit einem geschieht (*Eu fui controlado/a* = «Ich wurde kontrolliert».)

Etliche dieser Partizipien haben inzwischen den Status eines Adjektivs angenommen, z. B. *cansado/a* («müde» vom Verb *cansar* – «ermüden») oder *querido/a* («lieb» vom Verb *querer* – «mögen»/»wollen»/»lieben»). Das *entroikado* erinnert zudem an zwei andere Begriffe aus dem umgangssprachlichen Bereich, die auf dieselbe Weise gebildet wurden und eine ähnliche Bedeutung haben: *tramado/a*, was soviel wie «in der Klemme/Patsche» heißt (von *a trama*, dem «Querfaden beim Weben», im übertragenen Sinn auch «Intrige», «Falle», sowie *lixado/a*, das von *a lixa* – «Schmirgelpapier» kommt. Wenn jemand *lixado* (wörtlich «geschmirgelt») ist, geht's ihm dreckig, ist er auf den Bauch gefallen. Das Verb *lixar* oder *lixar-se* ist gerade im Zusammenhang mit der Troika in die Schlagzeilen geraten. Die wohl stärkste Bürgerbewegung gegen die Sparmaßnahmen der Regierung Passos Coelho nennt sich *Que se Lixe a Troika*, was so viel heißt wie «Die Troika soll sich verpissen» (um im selben Jargon zu bleiben).

Ob dieser künstlich geschaffene und nur von einer kleinen Gemeinde von Internetbenutzern gewählte Begriff einmal einen festen Platz im portugiesischen Wortschatz finden wird, bleibt abzuwarten. Zumindest wird ihm von den Fachleuten eine gewisse Pfiffigkeit bescheinigt. Und wenn es nach Malaca Casteleiro geht, dem Herausgeber des *Dicionário da Língua Portuguesa Contemporânea*, einem zweibändigen Wörterbuch des zeitgenössischen Portugiesisch, könnte es Eingang in die Lexika finden, allerdings nur, wenn man es portugiesiert» und das «k» durch ein «c» «ersetzt *(entroicado)*. In der Tat ist die herkömmliche portugiesische Schreibweise *tróica*. Diese bezeichnet aber nicht das Dreigespann, sondern den von ihm gezogenen russischen Schlitten. Doch das «k» – sehr in Mode bei der Namensgebung von Restaurants und Discos (z.B. das *Eskada* in Porto oder das *Kremlin* in Lissabon) – bringt ja gerade durch seinen germanischen Charakter die entsprechende politische Note hinein.

Bis auf das Higgs-Teilchen haben dieses Mal alle Begriffe mit der Krise zu tun. Aber während im letzten Jahr der erste positive Begriff (*esperança* – «Hoffnung») gleich an 2. Stelle rangierte, taucht er hier erst an 3. Stelle auf. Mit *solidariedade* wird auf die Ideale der Nelkenrevolution vom 25. April 1974 rekurriert. Dazu passt auch die Renaissance des Liedes *Grândola, Vila Morena* von José Afonso, welches das Startsignal zum Ausrücken der revolutionären Truppen gab (mehr dazu in meinem Artikel *Nun singen sie wieder* in der *Portugal-Post 53*, im Internet nachzulesen unter www.phg-hh.de).

16. Ende gut, alles gut
Von der Bedeutung portugiesischer Endungen

O carteiro e o carterista

Sr. Manuel, der Briefträger (*carteiro*) des Lissabonner Stadtteils Campo de Ourique, war nicht *amused*. Als er seine Runde unterbrach, um sich in einer der *capelas* (= «Kapellen», so nennt man dort augenzwinkernd die Kneipen/*tascas*) mit ein paar befreundeten Bewohnern des Viertels eine kleine *pinga* (Gläschen Rotwein) zu genehmigen, wurde er von dem Sr. Peter aus Hamburgo höflich aber gleichzeitig beleidigend begrüßt mit *Boa tarde, Sr. carteirista* («Guten Tag, Herr Taschendieb»). Nun muss man dem Sr. Peter zugute halten, dass er damals nur über rudimentäre Portugiesischkenntnisse verfügte und ihm noch das Bewusstsein dafür fehlte, dass die Endungen der portugiesischen Substantive mehr als bloße Verzierungen sind. Häufig sind sie Bedeutungsträger und müssen im Deutschen durch einen zusammengesetzten Begriff (Kompositum) wiedergegeben werden, wie in diesem Fall «Briefträger» bzw. «Taschendieb».

Das Pärchen *carteiro/carteirista* ist dafür ein gutes Beispiel: Beide Begriffe sind von *a carta*, «der Brief» (nicht «Karte», die heißt *postal*) abgeleitet. Hängen wir nun die Endung *-eiro* dran, so haben wir jemanden, der sich beruflich mit *cartas*/Briefen abgibt. Weitere Berufe auf *-eiro*, weiblich *-eira* sind *o barbeiro* («der Frisör» von *barba*/Bart), *o mineiro* («der Grubenarbeiter» von *minas*/Bergwerksstollen), *a peixeira* («die Fischverkäuferin» von *peixe*/Fisch) etc. Das Suffix *-eiro* bzw. *-eira* hat über die Berufsbezeichnung hinaus noch weitere Funktionen. So kann es z.B. den Ort bezeichnen, wo man etwas aufbewahrt, z.B. *o tinteiro* («das Tintenfass» von *tinta*/Tinte), *a galinheiro* («der Hühnerstall» von *galinha*/Huhn), aber auch Bäume und Büsche wie z.B. *a laranjeira* («der Orangenbaum» von *laranja*/Apfelsine) oder – um eine bekannte Kognak-Marke zu zitieren – *a macieira* («der Apfelbaum» von *maçã*/Apfel). Auch Sammelbegriffe entstehen durch Anhängen von *-eiro* oder *-eira*. So wird aus der *formiga* («Ameise») ein *formigueiro* («Ameisenhaufen»).

Schließlich kann diese Endung auch einen Gebrauchsgegenstand bezeichnen. Z. B. ist der *cinzeiro* («Aschenbecher») für die *cinza* («Asche») da und die *carteira* («Brieftasche») für die *cartas* («Briefe»). Womit wir wieder bei unserem Ausgangsbeispiel sind, denn für die Brieftaschen (fremde natürlich!) interessiert sich unser *carteirista*. Die Endung *-ista* kennzeichnet nämlich gelegentlich auch den Vertreter bestimmter Berufe (*o dentista*, «Zahnarzt» von *dente*/Zahn) oder Anhänger bestimmter Überzeugungen (*o benfiquista*, «der Benfica-Fan»).

Dass man durch Endungen im Portugiesischen bestimmte Dinge vergrößern oder verkleinern kann, wird in dem Artikel *Groß, größer ... am kleinsten* (Kap. 17) dargestellt. Hier noch ein paar andere Bedeutung tragende Endungen. So bezeichnet *-al* eine Anpflanzung. Ein *pinhal* ist ein Pinienwald, direkt abgeleitet von *o pinho*/Pinie(nholz) oder auch *pinheiral*, abgeleitet von *pinheiro*/Pinie. Die Olive heißt auf Portugiesisch zwar *azeitona*. Eine *azeitoneira* ist aber kein Olivenbaum, sondern ein Gefäß zum Einlegen der Oliven. Olivenbäume sind *oliveiras* und sie wachsen in einem *olival* oder auch *olivedo*. Die Endung *-edo* für eine Ansammlung von Bäumen oder Büschen finden wir auch bei anderen

Pflanzen, so z.B. die *figueira* («Feigenbaum» von *figo*/Feige). Das neben *figueiral* existierende *figueiredo* ist im Übrigen auch ein sehr verbreiteter Familienname. Und wussten Sie schon, dass Funchal, die Hauptstadt von Madeira, ein Ort ist/war, an dem Fenchel *(funcho)* wächst?

Kurios die besondere Bedeutung, die das Suffix *-ada* unter anderem haben kann, nämlich ein Schlag oder eine Verletzung mit einem bestimmten Gegenstand oder Körperteil. So ist eine *cotovelada* ein Stoß mit dem Ellenbogen *(o cotovelo)*, die *facada* (von *faca*/Messer) ein Hieb oder Stich mit dem Messer (umgangssprachlich auch ein Seitensprung) und eine *dentada* ein Biss (von *dente*/Zahn). Zu solchen Tätlichkeiten kam es aufgrund meiner *gafe* («Schnitzer») in der *tasca* von Campo de Ourique nicht. Sr. Manuel war voller Verständnis für meine Anfängerschwierigkeiten mit der portugiesischen Sprache. Und ich verließ den Ort des Geschehens mit geschärften Sinnen für die portugiesischen Endungen. Ende gut, alles gut.

17. Klein, kleiner, ... am größten Zu den portugiesischen Diminutiven und Aumentativen

Portugal, das Land der Kontraste. Wo die einst größten Landtiere unseres Planeten, die Dinosaurier, ihre Spuren hinterließen (noch zu sehen in der Nähe von Lourinhã), zwitschert heute Europas kleinster Singvogel, die *Estrelinha-de-cabeça-listada* (engl. *firecrest*). Oder um ein Beispiel aus der Musik zu zitieren: Die Vereinigten Staaten verdanken ihr größtes Blasinstrument, das Sousaphon, einem Sohn portugiesischer Einwanderer, John Philip de Sousa. Und ihr kleinstes Saiteninstrument, die Ukulele, ist nichts anderes als das von portugiesischen Seeleuten nach Hawaii mitgebrachte Cavaquinho. Diese Kontraste spiegeln sich auch in der portugiesischen Sprache wider, die eine Vielzahl von Endungen kennt, um etwas besonders klein oder groß zu machen. Es sind die so genannten Diminutive (Verkleinerungsformen) und Aumentative (Vergrößerungsformen).

Fangen wir ganz klein an. Auch dem Portugalbesucher ohne Sprachkenntnisse wird der häufige Gebrauch der Endung *-inho* bzw. *-inha* auffallen. Ein Satz wie *De manhãzinha, os rapazinhos e as rapariguinhas vão para a escolinha* («Früh am Morgen gehen die kleinen Jungen und Mädchen zur Schule») ist nichts Ungewöhnliches. Oder man hört im Café jemanden einen *cafezinho bem cheiinho*, einen «ordentlich vollen Kaffee» verlangen. Diese Verkleinerung lässt sich sowohl an Substantive (Beispiel *cafezinho*) als auch an Adjektive (Beispiel *cheiinho*) hängen, aber auch an andere Alltagswörter wie *adeus (adeusinho)*, selbst an das Tschüßchen italienischen Ursprungs, *ciaozinho.* Das Ganze gibt dem Portugiesischen etwas verniedlichend Einschmeichelndes und Melodiöses. So nimmt es auch nicht wunder, dass es in dem für seine Musikalität gerühmten brasilianischen Portugiesisch ganz besonders verbreitet ist.

Sie können es selbst mal ausprobieren, müssten dabei allerdings ein paar Grundregeln beachten. Wenn Sie die Endung *-inho* (männlich) oder *-inha* (weiblich) an ein Wort anhängen, das auf *-o* oder *-a* endet, so fallen diese weg (*rapariga* > *rapariguinha*, *cheio* > *cheiinho*); die Wörter auf *-e* bieten zwei Möglichkeiten: Entweder das *-e* fällt weg (*quente* > *quentinho*) oder es wird ein stützendes *-z-* eingefügt (*leve* > *levezinho*). Diese Stütze brauchen Sie auch, wenn das Wort auf einen betonten Vokal endet, d.h. auf *-u*, oder auf einen Vokal mit Akzent, der dann allerdings verloren geht, weil die Silbe dann nicht mehr betont ist (wie in *café*), auf einen Vokal mit Tilde (wie in *manhãzinha*) oder auf einen Diphthong *(ciaozinho)*, aber auch nach *-m (bom* > *bonzinho)* und *-r* (*colherzinha*, «kleiner Löffel»). Bei Wörtern auf *-l*, wenn diese auf der letzten Silbe betont sind, gibt es beide Möglichkeiten (*papel* > *papelinho/papelzinho*); sind sie jedoch auf der vorletzten Silbe betont, ist nur die Form mit *-z-* möglich *(automóvel* > *automovelzinho)*.

Aufpassen müssen Sie auch bei der Pluralbildung der Wörter auf *-ão*. Hier genügt es nicht, ein *-s* an die Verkleinerungsform anzufügen. Sie müssen *-inhos* bzw. *-inhas* an die korrekte Pluralform hängen, bei deren Bildung es allerdings Unterschiede gibt. Wenn Sie zum Bäcker gehen, um Brötchen (*o pãozinho*, eigentlich «kleines Brot») zu kaufen und möchten mehrere davon, müssen Sie *dois, três pãezinhos* verlangen. Bei den Visitenkarten heißt es in der Mehrzahl jedoch *os cartõezinhos* (von *cartão*).

Wie Sie sehen, ist der Weg zu den netten Verkleinerungsformen mit zahlreichen Hindernissen gespickt. Und noch etwas. Die portugiesischen Diminutiva drücken nämlich nicht nur aus, dass etwas kleiner ist. Sie können auch einen herabsetzenden Beigeschmack haben. So ist ein *homenzinho* nicht unbedingt ein kleiner Mann, es kann auch ein unbedeutender, einfacher Mann gemeint sein. Oder man möchte eine ironische Wirkung erzielen, wenn man z.B. mit *bom trabalhinho* («gute kleine Arbeit») lobt, meint man eher das Gegenteil, im Sinne von «Das ist dir aber schön daneben gegangen!» Und wenn, wie oben, ein *café cheiinho* verlangt wird, will der Kunde nicht weniger, sondern eher mehr Kaffee in seiner Tasse haben. So kann die Verkleinerungsform sogar der Vergrößerung dienen. Es kommt eben immer auf den Zusammenhang oder die Sprechsituation an.

Doch neben der Tendenz zur Verkleinerung und Verniedlichung neigt das Portugiesische auch dazu, sich aufzuplustern und alles größer zu machen. Das beginnt mit der Wortwahl, wenn in bestimmten Zusammenhängen gern ein dramatischer Ausdruck gewählt wird, wo ein schlichterer es auch getan hätte.

Entsprechend der Verkleinerungsform *-inho/-inha* gibt es eine Reihe von Vergrößerungsformen. Die verbreitetste ist wohl die Endung *-ão*, die man im Austausch gegen den Schlussvokal anhängt. So wird aus der *garrafa* («Flasche») der *garrafão* (5l-Flasche, auch «Demijohn» genannt). Ein *trabalhão* ist eine besonders harte Arbeit und ein *dinheirão* ein Haufen Geld. Bei den Substantiven auf -z muss man aufpassen, da dieses häufig durch ein g ersetzt wird (*rapaz*, «Knabe» > *rapagão*, «strammer Bursche»; *nariz*, «Nase» > *narigão*, «großer Zinken»). Häufig wird noch eine Zwischensilbe eingeschoben. So wird aus *porco*, «Schwein» ein *porcalhão*, «Dreckschwein» (weiblich: *porcalhona*), und aus *casa*, «Haus», ein *casarão*, ein «Riesenhaus».

Neben *-ão* gibt es eine Reihe anderer Endungen, wie z.B. *-aço/-aça* (*rico*, «reich» > *ricaço*, «stinkreich»), *-alha* (*muro*, «Mauer» > *muralha*, «Stadtmauer»), *-arro/-arra* (*boca*, «Mund» > *bocarra*, «großes Maul»), *-edo* (*rocha*, «Fels» > *rochedo*, «Klippe»), *-oco/-oca* (*beijo*, «Kuss» > beijoca, «dicker Schmatz»). Wie man sieht, ergibt sich durch die Vergrößerung häufig auch eine verschlechternde (pejorative) Nebenbedeutung. Es ist also höchste Vorsicht geboten, wenn man sprachlich nicht ins Fettnäpfchen treten möchte. Das geht sogar so weit, dass die Vergrößerungsendung *-ão* sogar der Verkleinerung dienen kann, ähnlich wie die Endung *-inho/-inha* gelegentlich eine Vergrößerung oder Verbesserung bedeuten kann. So wird aus der *carta*, «Brief», der *cartão,* «Visitenkarte» (als *cartão de crédito*, «Kreditkarte»). Da *cartão* aber auch «Karton» oder «Pappe» bezeichnet (in dem Falle ist es eine echte Vergrößerung), hängen die Portugiesen in diesen Fällen sicherheitshalber gleich noch die Verkleinerung *-inho* an *(cartãozinho).*

Bei den Adjektiven haben die Portugiesen noch eine weitere Möglichkeit, sprachlich einen Gang zuzulegen. So gibt es neben dem üblichen, durch Hinzufügung von *o/a mais* gebildeten Superlativ, einen zweiten Superlativ, der die lateinischen Endungen beibehalten hat. So heißt «der/die teuerste» *o mais caro/a mais cara.* Es gibt aber auch den «klassischen» Superlativ *caríssimo/caríssima.* Nur wird hier kein echter Vergleich gezogen, sondern seiner Wut oder seinem Erstaunen über den hohen Preis Ausdruck verliehen (in Deutsch etwa: «sauteuer»). Und so ist *baratíssimo* nicht der oder die billigste, sondern «spottbillig» und *feiíssimo* (von *feio*) «potthässlich». Das Prinzip ist ganz einfach: Sie hängen *-íssimo* oder *-íssima* an ein Adjektiv und schon haben Sie eine weitere Möglichkeit der Vergrößerung. Natürlich gibt es wieder die berühmten Sonderformen wie z.B. *ótimo*, «sehr gut» (von *bom*), *péssimo*, «sehr schlecht» (von *mau*), *antiquíssimo*, «uralt» (von *antigo*), *nobilíssimo*, «sehr edel» (von *nobre*), *amabilíssimo*, «äußerst liebenswürdig» (von *amável*), *simplicíssimo*, «ganz einfach» (von *simples*), dazu die Steigerungsformen auf *-érrimo/a* (*paupérrimo*, «bettelarm») und *-ílimo/a* (*facílimo*, «superleicht»).

Und bei *grande* und *pequeno* haben Sie sogar zwei Möglichkeiten, um auszudrücken, dass etwas besonders groß oder besonders klein ist: *máximo/grandíssimo* und *mínimo/pequeníssimo*. Das *grandíssimo* lässt sich umgangssprachlich noch mal steigern, indem man z.B. über eine *grandessíssima merda* flucht. Umgekehrt verdanken wir dem klassischen Superlativ Portugals höflichste Anrede, den *Excelentíssimo Senhor*, in der Kurzform *Exmo.* in der portugiesischen Korrespondenz von heute durchaus noch geläufig.

18. Die Sprache der Revolution

Der 25. April 1974 wirkte auf den verschiedensten Gebieten wie eine Befreiung von jahrzehnte- oder sogar jahrhundertealten Bindungen und Zwängen. Da hätte sich, so sollte man meinen, auch auf dem sprachlichen Sektor einiges tun müssen. Die portugiesische Sprache mit ihrem differenzierten Ausdrucksrepertoire und starren grammatischen Regelwerk kann für denjenigen, der sie meisterlich beherrscht, durchaus als Mittel zur Ausübung von Macht und Konsolidierung des herrschenden Klassensystems dienen. Doch wurde z.B. weder die Rechtschreibung vereinfacht, obwohl die Brasilianer, die da schon einen Schritt weiter waren, dies immer wieder anmahnten (mehr zum *acordo ortográfico* im Kap. 36.), noch wurden die starren und willkürlichen Vorschriften zur Stellung der Personalpronomen ein wenig gelockert (auch hier machen sich die Brasilianer das Leben viel leichter!).

Im Gegenteil: Offizielle Verlautbarungen wie die Aufrufe des Revolutionsrates und anderer Gremien waren genauso bürokratisch gestelzt und mit volksfernen Begriffen *(expressões eruditas)* gespickt wie die ihrer salazaristischen Vorgänger. Und die in Portugal weit verbreitete Sucht, Namen und Begriffe durch Sigeln *(siglas)*, also Abkürzungszeichen, zumeist Anfangsbuchstaben, zu ersetzen, trieb damals wahre Blüten. So schwirrten nicht nur die Initialen der nach dem Sturz der Diktatur wie Pilze aus dem Boden schießenden Parteien und politischen Gruppierungen durch die Luft, von der PPD über die UDP zur PCTP, LCI, AOC, MES, MRPP, PCP (R), PCPm-1, MDMP, UJC, FSP, GDUP etc. etc. Auch solche Sigeln wie PREC *(= Processo Revolucionário em Processo)*, RALIS *(= Regimento de Artilharia de Lisboa)* oder COPCON *(= Comando Operacional do Continente)* waren Mitte und Ende der 70er Jahre gängige sprachliche Münze, selbst wenn die wenigsten wussten, was sich hinter diesen Abkürzungen verbarg (dazu auch der Beitrag *Aküfi auf Portugiesisch* im Kap.12).

In einem Bereich allerdings gab es so etwas wie eine «revolutionäre» sprachliche Entwicklung, nämlich das Vordringen des tu und die damit verbundene Vereinfachung der komplizierten und zur Salazarzeit zu skurriler Blüte getriebenen Kunst der Anrede (dazu mehr *Immer schön höflich* im Kap. 24). Wo man sich vorher noch damit herumquälte, ob man sein männliches Gegenüber nun mit o *Senhor* oder *Senhor Doutor* oder sogar *Vossa Excelência* anreden sollte bzw. ob die betreffende Portugiesin nun mit *Dona* oder *Senhora Dona* oder womöglich nur mit *Senhora* angesprochen zu werden verdient, wurde nun fröhlich geduzt. Doch war dies nur eine kurzlebige Angelegenheit; inzwischen gelten wieder weitgehend die vorrevolutionären Formen der feinen portugiesischen Anrede.

Ein anderes interessantes sprachliches Phänomen im Zusammenhang mit der Revolution vom 25. April ist der sogenannte *calão*, (engl. *slang*, frz. *argot*), will heißen die zur offiziellen (Hoch)Sprache parallel laufende Sprache des Volkes. Sie hätte sich nun, wo «das Volk am meisten zu sagen» hatte *(O povo é que mais ordena)* – wie José Afonso in seinem *Grândola Vila Morena* sang –, zu neuer Blüte entfalten müssen. Und in der Tat gehörte es damals zum guten Ton, vor allem unter jüngeren Leuten und Intellektuellen, von seinen Mitmenschen nur noch als *gajo* («Typ», «Kerl») oder *gaja* zu sprechen. Vor allem war es wichtig, das Wort *pá* möglichst viel zu verwenden. Es ist angeblich eine Reduktion von *rapaz* («Junge», «Knabe») und dient als Anrede im Stile von «Eij, Mann» oder «Eij, Alter». Ich traf damals Portugiesen, die es sich nicht nehmen ließen, in jedem Satz mindestens drei- bis viermal *pá* unterzubringen. Heute wird das *pá* eher belächelt und nur noch im engen Freundeskreis, der sogenannte *malta*, gepflegt.

19. *Calão*, die Sprache der Straße

Ähnlich wie im Englischen (*slang*) und im Französischen (*argot*), gibt es im Portugiesischen eine Sprache der Straße, den *calão*, auch *gíria* genannt. *Calão* soll sich von *caló*, spanisch «Zigeuner», auch «Zigeuner»- bzw. «Gaunersprache» ableiten, während *gíria* mit französisch *jargon* zusammenhängen soll. Dass es am 25. April nicht zu einer breiten Übernahme des *calão* durch die gesamte Bevölkerung kam, liegt im Wesen des *calão* selbst begründet. Es ist eben nicht nur die Sprache der Straße, sondern auch der Gosse und des Verbrechermilieus. Mit dem Sturz des Salazar-Regimes seiner revolutionären Zielscheibe beraubt, hätte er eigentlich verschwinden können. Doch so einfach und direkt wird Sprache durch politische Entwicklungen nicht beeinflusst. Der *calão* lebt wie eh und je und entwickelt sich weiter. Neu ist ein unkomplizierteres Verhältnis der öffentlichen und veröffentlichten Meinung zum *calão*, speziell im sexuellen Bereich.

Dies sei nur an einem Beispiel illustriert. Der *Dicionário de Calão* von Albino Lapa aus dem Jahre 1959 führt keinen einzigen der vielen *Calão*-Begriffe für die männlichen und weiblichen Geschlechtsteile. Selbst das Wort *caralho* (= Penis) fehlt, ein in Nordportugal gängiges Fluchwort, das sogar in Deutschland, allerdings in seiner spanischen Form (*carajo*), in aller Unschuld benutzt wird. Hingegen bringt Eduardo Nobre in seinem Buch *O Calão. Dicionário de Gíria Portuguesa* (1980) gleich eine Abbildung eines nackten Menschenpaares mit *Calão*-Bezeichnungen für die verschiedenen Körperteile, darunter 16 Ausdrücke für das weibliche Geschlechtsorgan und 24 für das männliche.

Dem Portugiesisch lernenden Ausländer seien bei dieser Gelegenheit noch ein paar Tipps oder Warnungen auf den Weg gegeben. Natürlich ist der *calão* ein ganz wichtiger Teil der portugiesischen Sprache, ohne dessen Kenntnis man große Verständnisschwierigkeiten haben kann. Der Besitz eines *Calão*-Wörterbuchs ist somit unerlässlich und die passive Beherrschung der Materie äußerst hilfreich, sowohl bei der Konversation mit Portugiesen als auch bei der Lektüre. Gewarnt werden muss allerdings vor der aktiven Anwendung von *calão*, da dieser bestimmten sozio-linguistischen Gesetzen unterliegt. Denn es handelt sich um den

Verständigungs-Code innerhalb einer *in-group*. Und egal, wie perfekt man die portugiesische Sprache beherrscht, als Ausländer ist man immer Außenseiter und so wird eine Einlassung in der Umgangssprache, selbst wenn sie noch so korrekt und passend ist, vielleicht staunend oder anerkennend bemerkt, aber eher als «störend» empfunden.

Außerdem gibt es nicht den *calão,* sondern unterschiedliche *gírias*, durch die sich die jeweilige Gruppe gegen andere abgrenzt. Schüler haben ihre eigene Sprache *(gíria estudantil)*, mit der sie sich von der Welt der Erwachsenen absetzen. So ist z.B. *uma nega* eine Arbeit, die man verhauen hat, *o urso* der Schlaumeier der Klasse und zu *dar manteiga* (wörtl. etwa «buttern») sagen die Hamburger Schüler «schleimen». Es wird als «peinlich» empfunden, wenn ein Erwachsener diese Jugendkultur nicht respektiert und sich sprachlich an die Schüler heranmachen will.

Zudem haben auch bestimmte Erwachsenengruppen ihren eigenen Binnenjargon. So gibt es eine ausgeprägte *gíria militar* unter Soldaten und eine *gíria do crime* mit ihren verschiedenen Unterabteilungen (*gíria da prostituição, gíria da droga etc)*. Die kleinste *in-group* ist wohl die der Funkamateure (*banda do cidadão*). Bei ihnen heißt Lissabon *Lima xangai* (wegen der Abkürzung Lx für Lissabon), die Ehefrau heißt *cristal* und die *Tia Vitorina* ist das Fernsehen (TV). Man wird abwarten müssen, wie mit dem Rückgang des Funkwesens aufgrund der modernen Telekommunikationsmöglichkeiten dieser *micro-calão* sich wird halten können.

Weniger vertun kann man sich bei der regionalen Aufteilung des *calão.* Abgesehen vom Nord-Süd-Gefälle im Hinblick auf die Häufigkeit des Gebrauchs obszöner Flüche, kann man sagen, dass es regional keine großen Unterschiede gibt. Lediglich in Porto pflegt man einige Regionalismen, so sagt man dort statt *porreiro* (toll, «geil») eher *castiço*. Über den Atlantik gelangt allerdings mehr und mehr brasilianische *gíria* nach Portugal, vor allem durch die *telenovelas.* Statt «*porreiro/castiço*» heißt es dort eher «*da pesada*» und statt «*gajo*» «*cara*».

Und noch ein Aspekt ist beim Gebrauch des *calão* zu beachten: Er unterliegt der Mode. In unserer schnelllebigen Zeit sind bestimmte Begriffe sehr schnell «out», andere treten an ihre Stelle. Wer einen veralteten Begriff benutzt, riskiert belächelt zu werden. So ist das viel zitierte und strapazierte «*porreiro*» nicht mehr «in». Das neue Zauberwort heißt «*bué fixe*». Nachzuschlagen im *Novo Dicionário de Calão*, den Afonso Praça 2001 im Notícias-Verlag herausgegeben hat. Nachzuschlagen, aber nicht unbedingt nachzuahmen.

20. Schimpf und Fluch auf Portugiesisch

Die Krise hat Portugal fest im Griff. Steuererhöhungen, Lohnkürzungen, steigende Arbeitslosigkeit. Da soll einem nicht der Kragen platzen und der eine oder andere Fluch über die Lippen kommen! Das Portugiesische verfügt über eine Fülle von Schimpfwörtern. Sie sind allerdings – zumindest im Bildungsbürgertum, das auf seine *brandos costumes* («sanften Sitten») stolz ist – verpönt. Schimpfwörter sind aber nicht nur schichten-, sondern auch geschlechterspezifisch (Fluchen ist weitgehend Männersache!). Zudem gibt es ein starkes Nord-Südgefälle: Am hemmungslosesten wird im Norden des Landes geflucht.

Von diesem Reichtum an portugiesischen Schimpfwörtern ist in den einschlägigen Internet-Portalen wenig zu finden. Auch das 2012 bei C. H. Beck erschienene Buch *Das Feuchte & das Schmutzige. Kleine*

Linguistik der vulgären Sprache von Hans-Martin Gauger, dem emeritierten Ordinarius der Romanischen Sprachwissenschaft an der Universität Freiburg, ist auf dem portugiesischen Sektor wenig ergiebig (drei Seiten, in denen es zumeist um die brasilianischen Varianten geht, gegenüber zehn über die spanische Vulgärsprache).

Professor Gaugers Buch beweist nachhaltig die bereits bekannte Tatsache, dass die Deutschen ihre Schimpfwörter aus dem Bereich des Exkrementellen/Analen schöpfen, während in romanischen Sprachen wie dem Portugiesischen weitgehend Begriffe aus dem sexuellen Bereich verwendet werden. Das Englische als germanisch-romanische Mischsprache bietet von jedem gleich viel. Die zwei wohl geläufigsten *four-letter words* «fuck» und «shit» decken beide Bereiche ab.

Dem englischen *fuck* entspricht das portugiesische *foda*, zumindest in dieser Form auch mit vier Buchstaben! Es kommt vom Verb *foder* (aus dem lateinischen *futuere*) und wird als Fluch häufig in der reflexiven Form mit *-se* («sich») gebraucht *(Foda-se!)*, wenn man sich darüber ärgert, dass einem etwas schief gelaufen ist (in Deutsch etwa: «So ein Mist!» oder auch «Scheißspiel!»). Die unserem «Scheibenkleister!» entsprechende Verballhornung ist *Fonix!* Der Ausruf *Que se foda!* drückt hingegen Desinteresse an einer Sache oder einer Person aus, während *Que foda!* ein Ausruf der Verärgerung ist. *Foder* bezeichnet aber nicht nur den Geschlechtsakt, sondern mit dem Partizip Perfekt *fodido* bzw. *fodida* auch, dass etwas derangiert oder gar zerstört ist («kaputt», «versaut», halt «im Arsch»). *Estou fodido* sagt jemand, der mit seinem Latein am Ende ist, nicht mehr ein noch aus weiß.

Ähnlich häufig wie *foder* ist *caralho* («Penis») als Fluch gebräuchlich. In Nordportugal habe ich junge Männer auf der Straße gehört, die es in jedem Satz mindestens einmal unterbrachten, wodurch es natürlich an Vehemenz einbüßt. In dem Ausruf *Vai pro (= para o) caralho!* («Hau bloß ab!») trifft es das Gegenüber jedoch mit voller Wucht. Im Spanischen wird es ähnlich eingesetzt *(¡Que se vaya al carajo!)*. Durch Hamburger Seeleute soll es als «Karacho» Eingang in die deutsche Sprache gefunden haben, weshalb es bei uns ohne Kenntnis seiner Bedeutung in aller Unschuld in den Mund genommen wird. In der Form *de caralho* oder *do caralho* kann es auch ein Ausdruck der Bewunderung sein (*um carro do caralho*, «ein tolles Auto»). Auch die in Porto gebräuchliche Variante *Carago!* geht in beide Richtungen, ebenso *Caraças!* («Verdammter Mist!»), aber *do caraças* («toll», «sensationell»).

Aus dem Genitalbereich stammen auch der Ausruf des Unmuts *Porra!* (eigentlich ein Schlagstock, aber auch Bezeichnung für «Penis», in Brasilien für «Sperma») und *Bolas!* bzw. *Ora bolas!* als Ausdruck der Verärgerung (die *bolas* sind die Testikel). Ähnlich wütend und ärgerlich klingen *irra!*, *arre!* und *apre!*, während bei *puxa!* noch die Komponente «Überraschung» hinzukommt.

Unzählig sind die Ausdrücke, mit denen man im Portugiesischen jemanden abqualifiziert. So habe ich in meinem Artikel über den Reichtum der portugiesischen Sprache (siehe Kap. 7) aufgeführt, dass es allein 130 Ausdrücke für «Dummkopf» gibt. Die härteste Beschimpfung dürfte wohl *filho da puta* («Hurensohn») sein. Man sagt auch zu jemandem, der einen nervt: *Vai p'ra puta que te pariu!* («Geh zur Nutte, die dich geboren hat»). Das als Abmilderung gemeinte *filho da mãe* («Muttersohn») lässt allerdings neue beleidigende Zweideutigkeiten zu. Schließlich soll noch der abqualifizierende Begriff *filha da putice* (zu deutsch etwa «eine große Sauerei/ Gemeinheit») nicht unerwähnt bleiben.

In einem katholischen Land wie Portugal dürfen natürlich biblisch geprägte Ausrufe und Flüche nicht fehlen wie *Valha-me Deus!* («Gott steh mir bei!»), *Deus me livre!* («Gott bewahre!»), *Jesus!* («Mein Gott!»), *Credo!* («Aber nein!» «Bloß nicht!»), *Oh, diabo!* oder *C'os diabos!* («Zum Teufel noch mal!»), *Raios te partam!* («Zum Teufel mit dir», wörtlich: «Blitze sollen dich zerteilen»).

Dass es auch im Portugiesischen nicht ganz ohne das Anale geht, zeigt der Begriff *merda*, der allerdings bei weitem nicht so gebräuchlich ist wie *shit*, «Scheiße» oder auch das französische *merde*. Weitere Varianten von *merda* sind *merdúncia*, *merdola(s)*, *merdice, merdelim*, *bardamerda* (z. B. in dem Fluch *Vai à bardamerda!* «Verpiss dich!»). Eine *cagadela* (von *cagar* – «kacken») ist eine sehr schlecht gemachte Arbeit, auch als *porcaria* (saumäßiger Mist») beschimpft. Aus dem tierischen Fäkalbereich stammt *bosta* («Mist») für eine schlecht gemachte Sache (z. B. *Que bosta de filme!* «Was für ein Scheißfilm!») oder einen trägen Menschen oder miesen Typen, dann allerdings mit Plural-s *(Aquele tipo é um bostas!)*.

Egal, ob das portugiesische Schimpfwort aus dem Anal- oder dem Genitalbereich stammt, es gilt, was ich bereits zum Gebrauch der portugiesischen Umgangssprache *(calão)* ausgeführt habe: Die passive Beherrschung der Materie ist hilfreich. Man sollte sich jedoch als Ausländer, selbst bei guter Beherrschung des Portugiesischen, hüten, diese Schimpfwörter in seinen aktiven Wortschatz aufzunehmen.

21. Portugiesisch maritim

O marinheiro de água doce

Portugal ist durch seine geopolitische Lage seit jeher auf den Atlantik ausgerichtet. Seine Seefahrer und Fischer haben sich schon sehr früh weit auf die Ozeane hinausgewagt. Diese maritime Erfahrung ist nicht ohne Einfluss auf die Sprache geblieben. So gibt es eine Reihe von Sprichwörtern aus diesem Bereich. Unser «Weggegangen, Platz vergangen» lautet auf Portugiesisch: *Quem vai ao mar, perde o lugar* («Wer aufs Meer geht, verliert seinen Platz»). Und wer in Portugal zuerst kommt, mahlt nicht zuerst, sondern «geht als erster an Bord» (*Quem primeiro chega, primeiro embarca*). Dass man den Tag nicht vor dem Abend loben soll, drückt der Portugiese mit dem Bild des Schiffes aus, das bei der Einfahrt in die Reede sinkt (wo es bekanntlich schwierige Strömungsverhältnisse gibt): *À boca da barra, se perde o navio*. «Möwen an Land» bedeutet «Sturm auf See» (*Gaivotas em terra, temporal no mar*). Auf die Flüche von Matrosen und die Tränen von Huren soll man nichts geben: «Sie sind schon trocken (d. h. abgehakt), wenn sie auf dem Boden ankommen» *(Pragas de marujo e lágrimas de putas chegam ao chão já enxutas).* Auf Erfahrungen beim Fischfang basieren die Sprichwörter *Nem tudo o que vem à rede é peixe* («Nicht alles, was sich im Netz fängt, ist Fisch») und *A mulher quer-se como a sardinha: pequenina e fresca* («Die Frau soll wie eine Sardine sein: klein und frisch»).

Daneben gibt es eine ganze Reihe von idiomatischen Ausdrücken, die mit Bildern aus Seefahrt und Fischfang operieren. So ist ein *marinheiro de água doce* («Süßwasser-Matrose») jemand, der von einer Sache wenig Ahnung und daher Probleme hat. Hier spiegelt sich die Überheblichkeit der Atlantikseefahrer gegenüber Binnenschiffern wider. In Brasilien spricht man weniger anzüglich von einem *marinheiro de primeira viagem* («Seemann, der auf seine erste Reise geht»). Die Portugiesen waren zwar die erste Seefahrernation, die auch gegen den Wind kreuzen konnte *(bolinar).* Trotzdem: «Mit Wind im Heck» fährt/segelt man schneller *(ir de vento em popa),* d. h. heute: Man macht gute Fortschritte.

Das Segel *(a vela)* taucht in verschiedenen Wendungen im übertragenen Sinne auf: *fazer-se à vela* («abreisen, an Bord gehen»), *dar velas a* («einer Sache Raum, freien Lauf lassen»), *estar à vela* («halb angezogen sein»). Dass das Anheuern auf den portugiesischen Segelschiffen nicht immer auf freiwilliger Basis geschah (so genanntes «Schanghaien») zeigt sich in dem Begriff *embarcar em* («sich einschiffen»), der die Nebenbedeutung von «sich auf etwas einlassen, auf etwas reinfallen» hat, besonders wenn es sich dabei um ein «leckes Boot/Schiff» handelt. So lautet die Warnung, sich nicht hinters Licht führen zu lassen: *Não embarques em canoa furada!*

Ein anderes wichtiges Teil des Segelschiffes ist das Ruder (*o leme*). Wer «ohne Segel und Ruder läuft» *(correr sem vela e sem leme),* rennt kopf- und orientierungslos durch die Gegend. Wer jedoch «am Ruder steht» (*estar ao leme, ir ao leme* oder auch *ter o leme*) hat die Zügel in der Hand. Aber wenn man «das Ruder aus dem Griff verliert» *(perder o leme),* irrt man ziellos umher. Dafür gibt es einen weiteren bildhaften Ausdruck, der auf die Portugiesen als frühe Kartographen und Nautiker hinweist: *perder o norte* (wörtlich «den Norden verlieren») oder auch *andar desnorteado* (wörtlich «nicht eingenordet sein», d.h. die Orientierung verloren haben). Am besten bleibt man «im Kielwasser anderer» *(andar na esteira de alguém),* selbst wenn man dann als wenig originell durchgeht. Und was ist mit dem Portugiesen, der «Schiffe sieht» *(ficar a ver navios)*? Der schaut in die Röhre.

Bei den Fischen spielen vor allem der *bacalhau* (Kabeljau) und die *pescada* (Seehecht) sprachlich eine Rolle. Wer ganze «Seehechtstücke erbricht» *(arrotar postas de pescada)* ist – pardon! – ein Großkotz. Der Kabeljau, gern *fiel amigo* («treuer Freund») genannt, steht auch für einen Händedruck, so in *apertar o bacalhau* («die Hand drücken») oder *estender o bacalhau* (die Hand zum Gruß reichen). Wenn etwas «in Kabeljaugewässern landet oder bleibt» *(dar/ficar em águas de bacalhau)*, haben wir eine ausweglose Situation, eine Reminiszenz an die weit entfernten Fanggründe (Neufundland), von denen viele Kabeljaufischer nicht zurückkehrten (mehr darüber im Kap. 42 *Filho de peixe...*).

Abschließend noch zwei Begriffe aus der portugiesischen Literatur, die auf die maritime Geschichte Portugals anspielen und sprichwörtlich geworden sind. So der «Alte aus Restelo» *(o velho do Restelo)*, eine Figur aus den Lusiaden von Luís de Camões. Als am 8. Juli 1497 die Flotte von Vasco da Gama in Belém zu ihrer ersten Reise nach Indien aufbrach, tauchte ein Bewohner aus Restelo auf und warnte vor den Gefahren und negativen Folgen des Unternehmens. Seitdem steht der *velho do Restelo* für einen Miesmacher, der sich dem Fortschritt in den Weg stellt. Schließlich wurde das Kap Bojador, die westlichste Spitze von Mauretanien, durch Pessoas berühmtes Gedicht *Mar português* zum Symbol für eine große Herausforderung. Lange hielten die portugiesischen Seefahrer es wegen der dort angeblich hausenden Seeungeheuer oder weil die angeblich scheibenförmige Erde dort zu Ende war, für unpassierbar, bis schließlich Gil Eanes es im Jahre 1434 es zum ersten Mal umschiffte.

22. Auf dem Lande

Trotz der Nähe zum Meer (kein portugiesischer Ort liegt viel weiter als 100 km von der Küste entfernt) ist Portugal stark ländlich geprägt – auch sprachlich. Selbst wenn die Verstädterung gerade in den letzten Jahrzehnten stark zugenommen hat und die nachwachsende Generation in ihrer Bildersprache eher durch urbanes Leben und das Internet geprägt ist, gibt es eine Reihe von ländlichen Wendungen, die allgemein verstanden und auch gerne eingesetzt werden.

So fühlen wir uns direkt auf den Bauernhof *(quinta)* oder in den Nutzgarten *(quintal)* versetzt, wenn man von einer arroganten Person sagt, sie rede oder singe von der Hühnerstange herab *(falar oder cantar de poleiro)*. Wer wie ein Hahn singt *(cantar de galo)*, vermittelt ebenfalls einen Eindruck von Überlegenheit, die aber nicht auf Arroganz beruht, sondern eher aus Sorglosigkeit resultiert oder aus der Erleichterung darüber, dass etwas geklappt hat. Bleiben wir beim Hühnervolk. Wenn jemand viel verspricht und nichts hält, dann gackert er und legt kein Ei *(cacareja e não põe ovo)*, und wer mit dem Ei im Hintern der Henne rechnet (*contar com o ovo no rabo/cu da galinha*), zerteilt das Fell des Bären, bevor er ihn erlegt hat. Wer schließlich darauf wartet, dass etwas geschieht, wenn die Hühner Zähne bekommen *(quando as galinhas tiverem dentes)*, kann lange warten: Es ist der Sankt Nimmerleinstag!

Wenden wir uns dem Großvieh *(a rês, o gado)* zu. Einen «üblen Vertreter», jemanden, dem man nicht vertrauen kann, bezeichnet man in Portugal gerne als *má rês* («schlechtes Vieh»). Häufig hört man auch: *Ele/ela não é boa rês.* Wer das Vieh erschreckt *(espantar o gado)*, handelt unüberlegt und «versaut» dadurch womöglich ein Vorhaben/Geschäft. Positiv besetzt wie im Deutschen ist das Packen des Stieres bei den Hörnern (*pegar o boi pelos chifres* oder auch *agarrar o toiro pelos cornos*) für jemanden, der einem Problem nicht ausweicht. Wer die Ochsen beim Namen nennt *(chamar os bois pelo nome)*, drückt sich klar und präzise aus (wir nennen Ross und Reiter). Wer einen Ochsen nicht sieht oder bemerkt *(não perceber/ver um boi)*, hat nichts begriffen bzw. gemerkt. Und ganz verkehrt läuft etwas, wenn der Karren vor dem Ochsen fährt (*o carro anda adiante/à frente dos bois)*. An die Stelle des Scheunentors, auf das der deutsche Ochse ratlos stiert, tritt im Portugiesischen ein Palast *(um boi a olhar para um palácio)*. Und eine langweilige Geschichte bringt den Ochsen zum Einschlafen *(uma história para boi dormir)*.

Zum Ochsen bzw. Stier gäbe es noch eine Reihe weiterer Ausdrücke, die aber regional variieren. Dafür noch einige Wendungen zur Kuh (*vaca*): Während wir in Deutschland «Schwein» (= Glück) haben, hat man in Portugal «Kuh» (*ter vaca*). Neben all diesen eher umgangssprachlichen Wendungen gibt es auch das gehobene *vaca sagrada*, die «heilige Kuh» in derselben Bedeutung wie im Deutschen oder das *voltar à vaca fria* (zur kalten Kuh, d.h. zum Thema, zurückkehren). Wer den Tod der Färse *(bezerra)* beweint *(chorar a morte da bezerra)*, dem geht es wie dem Engländer, der über verschüttete Milch weint *(cry over spilled milk)*, d.h. er kann sich nicht ins Unabänderliche fügen. Schließlich sagt man von jemandem, der sich in Schweigen hüllt, dass er weder flüstert noch muht *(sem tugir nem mugir)*. Dazu noch ein hübscher Ausdruck zur Sau *(a porca)*: *aí é que a porca torce o rabo* («hier ringelt die Sau den Schwanz», d.h. da liegt das Problem bzw. «der Hase im Pfeffer»). Und damit er nicht meckert, soll der Ziegenbock *(o bode)* auch noch zu Worte kommen, denn sonst rüffelt er mich noch (*passar um bode a alguém*, jemandem einen Bock, d.h. einen Rüffel, verpassen).

Die meisten sprachlichen Spuren hat ein Tier hinterlassen, das ganz typisch ist für das ländliche Portugal und das, nachdem es fast auszusterben drohte, zur Zeit eine Renaissance erfährt: der Esel (*o burro*). Der Esel war einst das Pferd des kleinen Mannes wie der Ausdruck *passar de cavalo para burro* («vom Pferd zum Esel absteigen») deutlich macht. Man ist «störrisch wie ein Esel» *(teimoso como um burro)*, «arbeitet wie ein Esel», d.h. schuftet *(trabalhar como um burro)*, man «berührt die Esel», d.h. nörgelt *(tocar os burros)*, und wenn man umsichtig sein will, hat man «ein Auge auf den Esel und das andere auf den Zigeuner» *(com um olho no burro e outro no cigano)*. Eine undefinierbare Farbe ist die «des Esels, wenn er wegläuft» *(cor de burro quando foge)*. Und auf das traurige Los der Esel spielt der Ausdruck *andar à nora* an. Die *nora* ist der traditionelle Brunnen mit Göpelwerk, von denen es noch einige Exemplare im Algarve gibt. Hier waren früher die Esel eingespannt, die zum Schöpfen des Wassers immer im Kreis gehen mussten. Wer also heute in der *nora* geht, ist orientierungslos, weiß nicht, was er sagen oder tun soll.

Weniger Spuren in der portugiesischen Sprache hat des Esels edler Cousin, das Pferd, hinterlassen. Wer etwas rasend schnell unternimmt, bringt dabei die Pferde um *(a mata-cavalos)*. Er kann sich dann mit einer besonders großen Portion *(uma dose de cavalo)* stärken oder mit *sopas de cavalo cansado*. Davon werden nicht nur die Pferde müde *(cansado)*, sondern auch die Kinder, denen Landarbeiter diese in Rotwein getränkten *sopas* (Brotstippen) angeblich bereits morgens gegeben haben, um in Ruhe ihrer Feldarbeit nachgehen zu können. Aus der Reiterei stammen auch der Ausdruck «jemanden an der (wir würden sagen: kurzen) Leine führen» *(levar alguém pela trela)* und «die Steigbügel verlieren» (*perder as estribeiras*), wenn man die Fassung oder die Übersicht verliert. Und noch heute, wo des kaum mehr Pferdekutschen gibt, bittet man um einen Platz auf dem Kutschbock (*uma boleia*), wenn man im Auto mitgenommen werden möchte.

Doch tun wir uns noch ein bisschen auf dem Bauernhof um. Wer weder Dreschplatz *(a eira)* noch Rand *(a beira)* hat, ist arm wie eine Kirchenmaus *(sem eira nem beira)*. Und welcher Landwirt hätte nicht gerne «Sonne auf dem Dreschplatz und Regen auf dem Rübenfeld» *(sol na eira e chuva no nabal)*? Doch leider können wir im Leben solch Unvereinbares nicht gleichzeitig haben! Scheint jedoch die Sonne, kann der Dreschflegel (*o pau*) in Aktion treten. Eine anstrengende Tätigkeit, die kaum Zeit lässt, Luft zu schnappen. Daher heute noch im übertragenen Sinne: *Enquanto o pau vai e vem, folgam as costas* («Während der Dreschflegel kommt und geht, ruht sich der Rücken aus»), d.h. man muss den kurzen Moment der Ruhe zwischen anstrengenden Tätigkeiten nutzen.

Bleiben wir beim Getreide. Wenn etwas zugänglich, erreichbar ist, dann ist es in Reichweite «der säenden Hand» *(à mão de semear)*. Etwas kommt im rechten Moment, wenn die Sichel (*a foice*) angesetzt wird *(a talho de foice)*. Doch man sollte nicht «die Sichel im Getreidefeld anderer ansetzen» *(meter a foice em seara alheia)*, d.h. sich in fremde Sachen einmischen. Wer «Mehl aus demselben Sack» *(farinha de mesmo saco)* ist, gilt bei uns als aus dem gleichen Holz geschnitzt.

Kartoffeln *(batatas)* und Saubohnen *(favas)* liefern ähnlich viel sprachliches Material wie das Getreide. Wenn man eine Nervensäge loswerden will, schickt man ihn «Kartoffeln pflanzen» *(Vai plantar batatas!)* oder gleich in die Saubohnen (*Vai às favas!*). Wenn diese gezählt sind *(são favas contadas)*, dann ist an einer Sache nichts mehr zu ändern. Wer die «Saubohnen bezahlt» *(pagar as favas)*, hält den Kopf für anderer Leute Verfehlungen hin. Aus dem Weinanbau stammt der Ausdruck der Enttäuschung darüber, dass sich etwas nicht mehr erreichen lässt: *Isso é chão que deu uvas!* («Das ist Boden, der mal Wein hervorgebracht hat!»). Er kann zwar aus gutem Haus (im Portugiesischen von «gutem Weinstock», *de boa cepa*) sein, doch nun kommt er aus dem Schlamassel (im Portugiesischen aus dem «krummen Weinstock») nicht heraus: *Não sai da cepa torta*). Wer aber etwas «vom Rebstockschnitt versteht» *(saber da poda)*, der ist ein Fachmann.

Zum Schluss noch ein paar gute Ratschläge aus dem ländlichen Bereich. Man soll «grün pflanzen, um reif zu ernten» (*plantar verde para colher maduro*), d.h. keine unpassenden Fragen stellen. Man soll aufpassen, dass man nicht «Wolle sucht und (selbst) geschoren wird» (*buscar lã e ficar tosquiado*), d.h. sich ins eigene Fleisch schneidet. Und vor allem: Nicht «das Olivenöl verkaufen, bevor man die Olivenbäume gepflanzt hat» *(vender o azeite antes das oliveiras plantadas)*. Das könnte Ärger geben *(estar com os azeites)*.

23. Kleine Idiomatik des Körpers

Enquanto o diabo esfrega um olho

Der Witz ist alt wie der Wald. Ein im Fluss Badender droht zu ertrinken und schreit laut um Hilfe. Fragt ein am Ufer Stehender: «Warum schreien Sie denn so?» Antwort: «Ich hab keinen Grund!» Der am Ufer: «Wenn Sie keinen Grund haben, sollten Sie auch nicht so schreien.» Dieser Witz lässt sich nicht auf Portugiesisch erzählen, denn in derselben Situation hätte der Ertrinkende geschrien: *«Não tenho pé»*, wörtlich «ich habe keinen Fuß», d.h. «Halt». Und so gibt es im Portugiesischen eine ganze Reihe idiomatischer Redewendungen, die sich der Körperteile bedienen und die, wörtlich übersetzt, im Deutschen unverständlich bleiben. Eine Reihe von ihnen ist jedoch so plastisch und anschaulich, dass sie verdienen, hier aufgeführt zu werden.

Da wir schon mit dem Fuß *(o pé)* angefangen haben, bleiben wir doch gleich dabei. Wenn bei uns etwas keinen Sinn ergibt, dann hat es «weder Hand noch Fuß», im Portugiesischen hingegen «weder Füße noch Kopf» *(nem pés nem cabeça).* Die Samtpfoten fallen im Portugiesischen eine Nummer gröber aus: Wer sich leise bewegt, geht auf «Wollfüßen» *(pés de lã).* Wenn jemand «mit einem Fuß geht und dem anderen zurückkommt» *(ir num pé e vir num outro)*, macht er sich rasch auf die Socken. Wer etwas «mit dem rechten Fuß beginnt» *(entrar com o pé direito)*, hat einen guten Start erwischt. Zögerliche oder misstrauische Portugiesen «halten den Fuß zurück» *(estar de pé atrás).* «Geschlossene Füße» zeigen an, dass man etwas mit Bestimmtheit tut, z.B. beschwören oder abstreiten *(jurar/negar a pés juntos).*

Wer «Füße und Kopf zusammenklappt» *(dobrar os pés com a cabeça)*, segnet das Zeitliche, kratzt ab, macht den Schirm zu, gibt den Löffel ab etc. (nur um mal zu zeigen, dass auch die deutsche Sprache nicht gerade arm an bildhaften Redewendungen ist). Wichtig ist, wohin man den Fuß stellt. Steht er «im Ring» *(meter o pé na argola)*, hat man einen Fehler begangen. Auf «den grünen Zweig» (*pôr o pé em ramo verde*) stellt den Fuß, wer Autorität besitzt. Und wer «die Füße auf die Erde» stellt (*pôr os pés à terra*), beharrt auf etwas. Aber wer es nicht schafft, «den Fuß jenseits der Hand zu schwingen» *(não lançar o pé além da mão)*, hat geistig nicht viel zu bieten. Um jemandem ein wichtiger Ratgeber zu sein, genügt es im Deutschen, seine rechte Hand zu sein. Im Portugiesischen werden dazu noch die Füße benötigt *(ser pés e mão de alguém).*

Zu Händen und Füßen ließen sich noch eine Reihe weiterer Redewendungen aufführen. Doch auch die anderen Körperteile sollen mit einer kleinen Auswahl besonders expressiver Redewendungen zu ihrem Recht kommen. Auf frischer Tat wird in Portugal jemand «mit dem Mund am Krug erwischt» *(apanhar alguém com a boca na botija).* Wer «seinen Kopf nur benutzt, um den Hut zu tragen» (*só ter cabeça para usar chapéu*), hat nicht viel auf dem Kasten, während sein Kollege, der «Windkopf» *(cabeça-de-vento)*, ein Luftikus und der «Hohle-Knoblauch-Kopf» *(cabeça-de-alho-chocho)* eher zerstreut ist.

Während ein aufbrausender Charakter bei uns «Haare auf den Zähnen» hat, trägt er sie in Portugal «im Nasenloch» *(cabelo/pêlo na venta)*, und ein unsensibler und ein grausamer Portugiese hat sie «auf dem Herzen» *(ter cabelo/pêlo no coração)*. Einen «Eisenarm» *(braço-de-ferro)* braucht man bei dem auch bei uns bekannten Armdrücken, in Portugal steht der Ausdruck aber auch für die harte Auseinandersetzung zwischen zwei Parteien. Portugal, das Land der Heiligen, hat einen ganz besonderen Heiligen erfunden, einen Verwandten unseres «Ohne-Michel». Seine Miene drückt aus, dass er mit der Sache nichts zu tun haben will: *cara de santo-não-te-rales* (wörtlich: «Gesicht des Heiligen Kümmer-dich-nicht»). Das portugiesische «Karfreitagsgesicht» *(cara de sexta-feira santa)* entspricht dem deutschen «Gesicht wie drei Tage Regenwetter». Der erste nachrevolutionäre Präsident Portugals Ramalho Eanes wurde von seinen Landsleuten gerne als *cara de pau* («Holzgesicht») bezeichnet, womit man eine mürrische Person bezeichnet. Wer «mit dem Gesicht an die Tür stößt» *(dar com a cara na porta)*, sieht sich in seinen Erwartungen enttäuscht oder «schaut in die Röhre», und wer sich «das Gesicht schwarz anmalt» *(pintar a cara de negro)*, schämt sich. Wenn etwas «die Augen des Gesichts kostet» *(custar os olhos da cara)*, geht es mächtig an den Geldbeutel.

Bleiben wir doch gleich bei den Augen, sicherlich ein zentraler Körperteil. Und so ist er auch für eine ganze Reihe von idiomatischen Redensarten gut. Wenn jemand ausdruckslos oder sehnsüchtig und leicht verblödet in die Gegend schaut, hat er «die Augen eines toten Fisches» *(olhos de peixe morto)* oder die eines «verendenden Hammels» (*olhos de carneiro mal morto*). Weder sollte man «mehr Augen als Bauch haben» *(ter mais olhos que barriga)*, d.h. gierig sein, noch jemandem «die Finger in die Augen stecken» *(meter os dedos pelos olhos)*, d.h. ihn übers Ohr hauen. Doch wohl dem, der «Feuer im Auge hat» *(ter lume no olho)*: Er hat einen besonders hohen IQ. Und wenn man etwas sehr rasch tut, so geschieht das «während sich der Teufel ein Auge reibt» *(enquanto o diabo esfrega um olho)*.

Auch die Nase muss für allerlei Wendungen herhalten. So ist ein stolzer und unabhängiger Mensch «Herr seiner Nase» *(senhor/dono do seu nariz)*. Sollte sich dieses Körperteil auf 1½ *palmos* – das sind stolze 33 cm – verlängern *(ficar com o nariz de palmo e meio)*, dann macht man ein langes Gesicht, weil einem irgendetwas «durch die Lappen» gegangen ist. Prallt man «mit der Nase gegen die Tür» *(bater com o nariz na porta)*, dann findet man eine Sache nicht an der Stelle, wo sie eigentlich sein müsste. Und dann kann einem leicht «der Senf in die Nase steigen» *(chegar a mostarda ao nariz)*, d.h. man wird wütend.

Für die Ohren hat das Portugiesische, wie gesagt, zwei Begriffe: *orelha* für das äußere Ohr und *ouvido* für den Gehörteil. Für idiomatische Wendungen muss jedoch vor allem Letzteres herhalten. An die Stelle der Bohnen, die wir gelegentlich in den Ohren haben, wenn wir etwas nicht hören können oder wollen, tritt im Portugiesischen das Wachs *(ter cera nos ouvidos)*. Man kann sich auch dumm stellen und so tun, als ob man jemanden nicht versteht. Dann hat man im Portugiesischen die «Ohren eines Kaufmanns» *(fazer ouvidos de mercador)*. Hat man jedoch «die Ohren beim Schmied» *(ter os ouvidos no ferreiro)*, bekommt man akustisch etwas nicht mit (kein Wunder bei dem Lärm!).

Auch die Zunge kann es auf beachtliche 22 cm bringen: Der Träger solch einer langen Zunge tut etwas nur sehr widerwillig, z.B. ein begangenes Unrecht wieder gutmachen *(pagar com língua de palmo)*. Während uns ein Begriff, der uns nicht gleich einfällt, «auf der Zunge liegt», befindet er sich im Portugiesischen «auf der Zungenspitze» (*na ponta da língua*) oder «unter der Zunge» *(debaixo da língua)*. Wer jedoch «keinen Brei auf der Zunge» hat *(não ter papas na língua)*, kennt dieses Problem nicht: Er redet direkt und ohne Hemmungen los. Und wer sich verplappert, d.h. indiskret ist, «stößt mit der Zunge gegen die Zähne» *(dar com a língua nos dentes)*. Auch wenn mir die Zunge noch nicht «zum Hals raushängt» (*estar com a língua de fora)* – trotz meiner Bemühungen, diesen Artikel nicht «zwischen Tür und Angel» – im Portugiesischen «auf dem Knie» *(em cima do joelho)* – zu redigieren, halt ich jetzt die Klappe: Ich «mache einen Knoten in die Zunge» *(dar um nó na língua)*, «schlucke die Zunge herunter» *(engolir a língua)* oder «pack einen Ochsen drauf» *(pôr um boi sobre a língua)*.

24. Immer schön höflich

Die Portugiesen gelten als besonders zurückhaltende und höfliche Menschen. Und das nicht erst seit heute. Nicht umsonst findet sich das Wort für «danke» unter den circa 20 Begriffen, die die Japaner von den Portugiesen übernommen haben, nachdem diese als erste Europäer dort gelandet waren (Tanegashima 1543). Diese Höflichkeit schlägt sich auch sprachlich in einer Reihe von Wendungen nieder, die man als Besucher Portugals kennen und benutzen sollte, selbst wenn man des Portugiesischen nicht mächtig ist. Es öffnet Türen und Herzen.

Fangen wir gleich mit dem «danke» an, auf japanisch *arigato*, auf portugiesisch *obrigado*. Wörtlich bedeutet dies «verpflichtet» (nämlich zu Dank). Je nach Geschlecht des Sprechers heißt es *obrigada* (wenn eine Frau spricht) oder *obrigado* (wenn ein männliches Wesen spricht), wobei dieses heutzutage schon nicht mehr so strikt eingehalten wird. Seinen überschwänglichen Dank drückt man durch *muito obrigado/a* oder *obrigadíssimo/a* aus. Eher spielerisch klingt dagegen die Verkleinerungsform *obrigadinho/a*. Für das rückantwortende «bitte» gibt es verschiedene Möglichkeiten. Das Übliche ist *de nada*. Etwas gehobener klingt *não tem de quê*. Beides heißt so viel wie «nichts zu danken». Man kann den Dank auch zurückgeben durch *obrigado/a eu* («ich habe zu danken»); bzw. *obrigados/as nós* («wir haben zu danken») oder auch seine weitere Hilfsbereitschaft anbieten: *sempre às ordens* («stets zu Diensten»).

Für das deutsche «bitte» im Sinne von «sei so gut» oder «hier bitte» gebrauchen wir im Portugiesischen *por favor* oder auch *faz favor*, und wenn man siezt, *faça favor*. Um die sprachlich schwierige Befehlsform (Imperativ) der anschließenden Bitte zu umgehen, können wir die Formel *é favor* («es wird gebeten») mit anschließender Grundform (Infinitiv) des Verbs verwenden. «Machen Sie bitte die Tür zu» wäre dann im Portugiesischen *é favor fechar a porta* oder etwas höflicher *pede-se o favor de fechar a porta*. Und wenn Sie um etwas für sich selbst bitten, operieren Sie am einfachsten mit *posso?* («darf ich»?) oder *é possível?* Wenn Sie also das Fenster öffnen möchten, fragen Sie einfach: *Posso abrir a janela?* Ihr freundliches Gegenüber wird dann zumeist mit *faz favor* oder *à vontade* («Tun Sie sich keinen Zwang an!») antworten.

Wenn Sie sich entschuldigen müssen, brauchen Sie je nachdem, ob Sie jemanden duzen oder siezen oder mehrere Leute ansprechen, die entsprechende Form des Verbs *desculpar* («entschuldigen»): *desculpa* («entschuldige»), *desculpe* («entschuldigen Sie»), *desculpem* («entschuldigt», «entschuldigen Sie»). Oder Sie entschuldigen sich mit dem etwas altmodischen *perdão*. Das gilt für alle Fälle, ebenso wie das etwas expressivere *peço imensa desculpa* oder *lamento muito*, beides im Sinne von «es tut mir sehr leid». Die übliche Antwort ist *não faz mal* oder *não há problema* oder etwas formeller: *está/estás desculpado/a*.

Und hier gleich noch ein paar Höflichkeitsformeln für die verschiedensten Anlässe. Wenn ein Portugiese an Ihnen vorbeigehen möchte, z.B. beim Aussteigen aus der Metro, sagt er *com licença* (wörtlich «mit Erlaubnis»), häufig so leise gesprochen, dass man nur die beiden scharfen s-Laute hört. Wenn Sie auf Portugiesen treffen, die gerade essen, werden Sie zumeist mit einem *é servido/a?* zum Mitessen eingeladen. Dann bitte höflich ablehnen (*não, muito obrigado/a*). Einem Kranken wünscht man in Portugal mit *as melhoras!* gute Besserung. Und «einen schönen Tag noch» wünscht man mit *continuação de um bom dia*. Und wenn ein Portugiese Ihre Lieben zu Hause grüßen lässt *(cumprimentos em casa)*, antworten Sie: *Serão entregues* («werden ausgerichtet»).

Ein besonders weites und heikles Feld portugiesischer Höflichkeit ist die Anrede. So lauern auf den Portugalbesucher eine Reihe von Fettnäpfchen, wenn er Portugiesen korrekt ansprechen möchte. Ähnlich wie in den allermeisten europäischen Sprachen wird im Portugiesischen geduzt und gesiezt, wobei die Trennungslinie ähnlich wie im Deutschen verläuft, d.h. man duzt Kinder, intime Freunde und Verwandte (Es soll noch ein paar sozial höhergestellte Familien geben, in denen Kinder ihre Eltern siezen). Daneben gibt es im Portugiesischen aber noch eine Art Zwischenstufe, das *você* (Mehrzahl *vocês*). Sie dient für die Anrede von Erwachsenen, die man gut kennt, aber noch nicht duzt. Dank den Brasilianern ist das *você* auf dem Vormarsch, denn abgesehen vom deutschstämmigen Süden Brasiliens hat es dort das *tu* verdrängt.

Dem deutschen «Sie» entspricht *o senhor* bzw. *a senhora* (in schlechten deutschen Übersetzungen gerne mit «der Herr» bzw. «die Dame» wiedergegeben). So fragen Sie jemanden nach der Post: *O senhor/A senhora sabe onde é o correio?* Wenn Sie den Namen ihres Ansprechpartners kennen, haben Sie bei Männern drei Möglichkeiten des Siezens: Sie sprechen ihn mit dem Vornamen oder Nachnamen an, wobei ersteres einen größeren Grad der Vertrautheit anzeigt: *O Luís sabe... / O Senhor Luís sabe... / O Senhor Maia sabe...* Eine Portugiesin hingegen wird nie mit ihrem Nachnamen, sondern immer mit ihrem Vornamen angesprochen. Dabei gibt es je nach Vertrautheit verschiedene Abstufungen. Da ist zuerst die Anrede nur mit dem Vornamen. So würde man z.B. seine Hausangestellte fragen, ob sie krank ist: *A Sofia está doente?* Eine Ihnen unbekannte Dame sollten Sie respektvoll mit *Senhora Dona Sofia* ansprechen. Man hört aber auch *Dona Sofia* oder *Senhora Sofia.* Sie liegen irgendwo zwischen den beiden Anreden, wobei nach meiner Erfahrung die Anrede mit *Dona* noch etwas respektvoller als die mit *Senhora* ist.

Weitere Fettnäpfchen lauern bei der portugiesischen Herrenwelt, die sich gerne mit einem akademischen Titel anreden lässt, entweder *Senhor Doutor* oder *Senhor Engenheiro.* Doch wem gebührt diese Anrede? Als ich mich 1996 in einem Vortrag über die «List und Tücke der portugiesischen Sprache» in der Aula der Universität Porto mit diesem Problem herumschlug, beruhigte mich der damalige Staatspräsident

Jorge Sampaio humorvoll: «Nennen Sie alle Portugiesen *Senhor Doutor*. Da können Sie nichts falsch machen!» Kann man doch! Mit *Senhor Doutor* werden ausschließlich Ärzte, Lehrer, Rechtsanwälte, Psychologen, Philologen, Geographen etc. angesprochen, die eine *licenciatura* (akademischer Grad nach Abschluss eines Studiums) erworben haben. Im Schriftverkehr muss der Doktortitel in Verbindung mit dem Familiennamen bzw. Vornamen abgekürzt werden *(Senhor Dr. Silva bzw. Senhora Dr*[a] *Maria)*. Erst nach abgelegter Promotion (*doutoramento*) darf der Titel ausgeschrieben werden (*Senhor Doutor Silva* bzw. *Senhora Doutora Maria*), eine Unterscheidung, die beim Sprechen natürlich nicht zum Tragen kommt.

Stark rückläufig ist seit der Nelkenrevolution die Anrede *Vossa Excelência* («Ihre Exzellenz»). Sie ist eigentlich nur noch in diplomatischen Kreisen üblich. Ebenso gibt es die *Excelentíssimos Senhores* nur noch als Anrede in Briefen, und zwar in abgekürzter Form (*Ex.mos Senhores*). Stattdessen liest man, offensichtlich unter brasilianischem Einfluss, gelegentlich auch *Estimados Senhores* bzw. *Prezados Senhores* was so viel wie «Geschätzte Herren» heißt.

25. *Mais ou menos* Von der hohen Kunst des Sich-Nicht-Festlegens

Den Portugiesen geht der Ruf voraus, dass sie sich eher bedeckt halten und sich nicht gerne mit präzisen Angaben festlegen. Sei es aus Unsicherheit, sei aus einer gewissen Schüchternheit oder auch aus Höflichkeit heraus. In Portugal sollte man nie «nie» sagen oder auch *Desta água não beberei* («Von diesem Wasser trinke ich nicht»). Schließlich können die Dinge «so oder so» *(assim ou assado)* sein, und wie leicht kann «der Schein trügen» *(as aparências iludem)*. Statt einer präzisen Rückmeldung hört man daher häufiger ein resigniertes «*É muito complicado*» («Das ist zu kompliziert»).

Eine beliebte Formel des Sich-bedeckt-Haltens ist das *Sei lá*, zu Deutsch in etwa «Was weiß ich?». Oder noch vager «*Sabem lá*» («Weiß man's?»). Körpersprachlich begleitet werden diese Worte der zurückhaltenden Ratlosigkeit durch ein leichtes Hochziehen der Schultern bei gleichzeitigem Ausbreiten der Arme, ähnlich der Geste des *Cristo* Rei, der überdimensionalen Christusstatue am Südufer des Tejo. Böse Zungen deuten die als Segen spendend gedachte Haltung eher als Ausdruck des Jammers und der Ratlosigkeit angesichts des Elends, das drüben in der Metropole herrscht.

Selbst wenn sie ihrer Sache sicher sind, konfrontieren Portugiesen, insbesondere gebildete Portugiesen, ihr Gegenüber nicht mit knallharten Aussagen, sondern leiten diese gerne mit relativierenden Wendungen ein wie *acho que/creio que/julgo que* («ich meine/glaube/denke, dass»). Um auszudrücken, dass es sich bei dem Nachfolgenden nur um eine persönliche Meinung handelt, gibt es im Portugiesischen ein ganzes Arsenal von Wendungen: *na* (oder *em*) *minha opinião*, *no meu entender*, *no meu parecer*, *a meu ver*, *conform*e *penso*, *segundo penso*, *quanto a mim*, *sou do parecer que*, *do meu ponto de vista*, *na minha ótica*, *na minha maneira de ver*.

Auch bei Zahlen- und Mengenangaben legt man sich in Portugal nicht gerne fest. Am beeindruckendsten sind die Zeitangaben, in deren Unverbindlichkeit sich ein – nennen wir es mal so! – entspanntes Verhältnis zur Zeit spiegelt. Sprichwörtlich ist der *minuto português*, der weit mehr als 60 Sekunden betragen kann. Möchten Sie jemanden pünktlich um 17 Uhr treffen, sollten Sie sich mit ihm ausdrücklich *às cinco em ponto* verabreden. Doch zu solch einer präzisen und vereinnahmenden Terminierung wird sich kaum ein Portugiese hinreißen lassen. Im Gegenteil: Häufig wird der Uhrzeit das relativierende *pelas* («gegen», zusammengesetzt aus der Präpostion *por* + Artikel *as*) vorangestellt. Man kann vor die Uhrzeit auch *por volta de*, *cerca de*, *aproximadamente*, *sensivelmente* und vor allem *mais ou menos* setzen.

Ganz unverbindlich wird es, wenn zu dem *pelas* noch ein *lá* kommt (*lá pelas cinco*). Bei solch einer Zeitangabe müssen Sie mit Verspätungen von einer Stunde und mehr rechnen. Überhaupt das *lá*. Es ist – ähnlich wie im Neudeutschen das «halt» – ein sehr beliebtes Flickwort, das Entspannung, aber auch Unverbindlichkeit signalisieren soll. Der Gipfel der Unverbindlichkeit ist es jedoch, wenn man ankündigt, etwas *oportunamente* zu erledigen, zu Deutsch etwa «bei passender Gelegenheit», d. h. in Wirklichkeit aber am Sankt Nimmerleinstag.

Die bei den Uhrzeiten angegebenen Ausdrücke für «ungefähr» gelten natürlich auch für die Relativierung anderer Zahlenangaben: *cerca de dez pessoas* («ungefähr zehn Leute»), *por volta de mil soldados* («ungefähr tausend Soldaten»), *aproximadamente dois metros* («ungefähr zwei Meter»), *há sensivelmente dois anos* («vor ungefähr zwei Jahren»). Eine spezifisch portugiesische Form der Relativierung besteht darin, vor die Zahlenangabe den Plural des unbestimmten Artikels *um/uma* zu setzen: *uns vinte quilómetros* («ungefähr 20 Kilometer»), *umas dez laranjas* («ungefähr 10 Orangen»). Am geläufigsten ist jedoch das *mais ou menos*. Häufig hört man es auch als Antwort auf die Frage nach dem Wohlbefinden *(«Como está?»)*. Doch hier hat es schon eher negative Konnotationen (Deutsch: «So la la»). Als relativierender Ausdruck des Unverbindlichen ist es jedoch so verbreitet, dass Portugiesen, die sich dieser «Schwäche» bewusst sind, von ihrem Land gerne als dem *país do mais ou menos* («Land des Mehr oder Weniger») sprechen.

26. Vergleiche sind widerlich Zum portugiesischen Tertium Comparationis

Ein portugiesisches Sprichwort bezeichnet Vergleiche als unvernünftig *(Comparação não é razão)* und für Engländer sind sie sogar widerlich und hassenswert *(Comparisons are odious)*. Aber ähnlich wie die Engländer stellen Portugiesen ständig Vergleiche an, um ihrer Aussage mehr Bildhaftigkeit oder Nachdruck zu verleihen. Wir kennen das auch aus dem Deutschen, wo jemand «arm wie eine Kirchenmaus» ist, «wie ein Loch säuft», «wie Espenlaub zittert» oder «Geld wie Heu hat». Interessant zu sehen ist jedoch, dass die verschiedenen Sprachen häufig einen unterschiedlichen Vergleichsbegriff (Tertium Comparationis) für bestimmte Situationen wählen. Eine Gegenüberstellung kann ganz reizvoll sein, gewährt sie uns doch Einblicke in eine andere Art zu denken und zu empfinden.

Das Tertium Comparationis wird im Portugiesischen im Allgemeinen mit *como* («wie»), mit *que nem* («wie nicht einmal») oder *mais ... que* (mehr als) angeschlossen, z.B. *duro como um penedo*, d.h. «hart wie ein Felsen», oder *duro que nem um penedo* oder sogar *mais duro que um penedo.* Während im Deutschen der Tau Ausdruck der Frische ist («taufrisch»), dienen dafür im Portugiesischen der Kopfsalat *(fresco como uma alface)* oder, romantischer, die Rosenknospe *(fresco como um botão de rosa)*. Und hier sind gleich noch ein paar weitere unterschiedliche Vergleiche aus der Pflanzenwelt. Man ist «gesund wie ein Apfel» *(são como um pêro)*, hat Geld nicht «wie Heu», sondern «wie Mais» *(ter dinheiro como milho)*. Man zittert wie «junge Gerten» *(tremer como varas verdes)*, ist «betrunken wie eine ganze Traube Weinbeeren» *(bêbado como um cacho)*.

Unzählig die Vergleiche aus der Tierwelt, die sich wiederum nur teilweise mit den unsrigen decken: «scheu wie eine Ziege» *(arrisco como uma cabra)*, *decidido como uma doninha* («entschlossen wie ein Frettchen»), *contente como um rato* («zufrieden wie eine Maus»), hässlich *(feio)* wie ein Bock *(um bode)* bzw. ein Wolf *(um lobo)*, «fett wie ein Dachs» *(gordo como um texugo)*, müde/zerschlagen *(moído)* wie Seehecht *(pescada)* bzw. Stöcker *(carapau)*, durchnässt *(molhado)* wie ein Küken *(pinto/pintainho)*, fleißig *(diligente)* wie eine Ameise *(formiga)*, langsam *(vagoroso)* wie eine Nacktschnecke *(lesma)*, aber schnell *(veloz)* wie ein Windhund *(galgo)*, ein Hase *(lebre)* oder eine Taube *(pomba)*. Und klug *(esperto)* sind auch gleich vier Tiere: der Spatz *(pardal)*, die Amsel *(melro)*, der Fuchs *(raposa)* und die Meerbrasse *(goraz)*. Man kann aber auch so «klug wie der Teufel» *(o diabo)* oder *como um alho* sein. Bei Letzterem ist wohl nicht der Knoblauch gemeint, sondern ein Portuenser Kaufmann namens Zé Alho, der zu Beginn des 16. Jahrhunderts für die Ausrüstung von Expeditionen an die westafrikanische Küste besonders vorteilhafte Bedingungen mit dem portugiesischen König auszuhandeln verstand.

Für unsere Ohren ungewohnt, aber in ihrer Bildhaftigkeit überzeugend sind Ausdrücke wie *nadar como um prego* («wie ein Nagel schwimmen», d.h. «wie ein bleierne Ente»), «dumm wie eine Tür» *(estúpido que nem uma porta)*, «voll wie ein Ei», d.h. brechend voll *(cheio como um ovo)*. Und wenn etwas wie gerufen kommt, dann fällt es wie «Brotstippe in den Honig» *(cai como sopa no mel)*. *Sopa* hier mit «Suppe» zu übersetzen, so wie es der Wiesbadener Linguist Heinz Kröll in seiner ansonsten verdienstvollen Sammlung von portugiesischen Vergleichen getan hat, die er 1992 in der Zeitschrift *Lusorama* veröffentlicht hat, dürfte sowohl für deutsche wie für portugiesische Gaumen wenig appetitlich sein und damit die Aussage des Vergleichs eher ins Gegenteil verkehren. Auf tiefsinnige Vergleiche der Nationalcharaktere aufgrund des jeweiligen portugiesischen und deutschen Vergleichsbegriffes haben wir bewusst verzichtet. Denn wie hieß es doch so treffend? «Vergleiche sind widerlich».

27. Andere Länder, andere Sitten
Fremde Länder im Spiegel der portugiesischen Sprache

Dass Nachbarn sich nicht immer grün sind und sich gerne gegenseitig etwas anhängen, ist ein bedauerlicher, wenn auch verbreiteter Tatbestand. Das gilt auch für benachbarte Länder. So gibt es eine Vielfalt von Spitznamen, mit denen man den lieben Nachbarn am Zeuge flickt. Für die Italiener z. B. ist ein Portugiese *(portoghese)* ein Gauner. Häufig werden die Landesnachbarn aufgrund ihrer Essgewohnheiten diskriminiert. Aus der Sicht der Engländer sind die Deutschen *krauts* und die Franzosen *frogs*. Umgekehrt sind die Engländer für die Portugiesen *bifes* («Beefsteaks»). Für die Franzosen sind Engländer unhöfliche Menschen, die sich nicht verabschieden (*filer à l'anglaise*, «auf englische Art abhauen»). Genau dieses wird den Franzosen von den Portugiesen (und den Deutschen) vorgeworfen (*despedir-se à francesa*, «sich auf Französisch verabschieden»).

Überhaupt die Franzosen. Sie sind zwar kulturgeschichtlich das große Vorbild Portugals, aber insgeheim wirft man ihnen Bestechlichkeit vor *(falar francês)* und die Neigung zu Pomp und Extravaganz, z. B.

wenn man etwas *à grande e à francesa*, d.h. im großen Stil betreibt. *Um frança* oder *uma frança* ist eine aufgedonnerte Person, eine *francezinha*, eine kleine Französin, ist jedoch eine Fast Food-Spezialität aus Porto.

Die Engländer, Erfinder der *semana inglesa* («Arbeitswoche mit freiem Samstagnachmittag») und Portugals älteste Verbündete, müssen für Portugiesen wohl etwas Ehrfurchtgebietendes sein, denn wenn man etwas *para inglês ver* («damit der Engländer es sieht») macht, stellt man etwas Tolles auf die Beine, was aber nicht unbedingt solide ist, ähnlich wie der «Türke», den man bei uns baut.

Türken und Araber, gegen die die Entdecker- und Handelsnation Portugal schon vor Jahrhunderten zu kämpfen hatte, nehmen auch in der portugiesischen Sprache großen Raum ein. So ist eine *vida de turco* ein hartes und arbeitsreiches Leben, in dem man *trabalhar como um mouro*, «wie ein Maure arbeiten» muss (dasselbe gilt übrigens auch für die benachbarten Galicier, die ebenso für hart arbeitende Menschen stehen). Wenn ein Maure sich der Küste nähert *(anda mouro na costa)*, ist «Gefahr in Verzug» (offensichtlich eine Reminiszenz an die arabischen Piraten). Ansonsten ist Arabien auch für Portugiesen etwas Besonderes, Traumhaftes. Wenn etwas aus Arabien kommt *(é das Arábias)*, ist es besonders toll und ein schöner Ort ist ein *lugar das Arábias*.

Die alten Griechen sind für die Portugiesen etwas Unverständliches. Sagt man in Portugal *isso para mim é grego* oder *vejo-me grego*, dann hat man mit etwas Probleme, während die *calendas gregas* eine scherzhafte Bezeichnung für den St. Nimmerleinstag sind (*calendas* = Kalenden, jeweils der erste Tag des Monats im römischen Kalender). Ebenfalls mit drei Begriffen sind die Russen vertreten: *salada russa* (eine Mischung aus Mayonnaise, Erbsen, Möhren, Kartoffeln etc.), *roleta russa* (bezeichnet genau wie unser «russisches Roulette» ein selbstmörderisches Unterfangen) und *montanha russa* (Achterbahn, wörtlich übersetzt «russisches Gebirge»).

Wenn sich Portugiesen *em fila indiana* («in indischer Reihe») aufstellen oder bewegen, nennen wir das «im Gänsemarsch». Während *sueca* («Schwedin») ein Kartenspiel und *suiça* («Schweizerin») die Kotelette bezeichnet, steht die *canadiana* (wörtl.: «Kanadierin») gleich für viererlei: eine Krücke, einen kurzen dicken Mantel (Typ Dufflecoat), ein kleines Zelt und einen Kombiwagen (also PKW mit langem Heckaufbau), neudeutsch Pick-up.

Die frühen überseeischen Handelsbeziehungen der Portugiesen spiegeln sich in dem Begriff *negócio da China* wider, der ein risikoarmes und lukratives Geschäft bezeichnet, wir würden sagen ein «Bombengeschäft». *Chinesices* sind Imitationen chinesischer Artefakte, im übertragenen Sinn unnötig komplizierte und überflüssige Formalitäten. Wenn ein Portugiese nichts versteht, ruft er aus: *Isso para mim é chinês!* («Das ist Chinesisch für mich!»). Auch Spanien und Italien stehen für etwas schwer Verständliches. So sind eine *espanholada* bzw. eine *italianada* eine schwer verständliche Ausdrucksweise. Und wo bleibt Deutschland? Das ist im Portugiesischen auf den Hund gekommen: Mit einem *pastor alemão* (wörtlich: «deutscher Hirte») bezeichnet man nämlich den Schäferhund.

28. *Ser* oder *estar* – that's the question

Wie würde Hamlet, wäre er Portugiese, sich in der berühmten Szene ausdrücken, in der er den Schädel des armen Yorick betrachtet und die bedeutungsschwere Frage stellt: *«To be or not to be – that's the question»* («Sein oder Nichtsein – das ist die Frage»)? Für das Verb «sein» *(to be)* gibt es im Portugiesischen nämlich zwei Entsprechungen: *estar* und *ser*, und gelegentlich passt sogar das Verb *ficar*. Auch hier zeigt das Portugiesische, übrigens genauso wie das Spanische, wieder mal einen besonderen sprachlichen Luxus gegenüber anderen Sprachen.

Für den Portugiesischlernenden bedeutet es einen weiteren Unsicherheitsfaktor. Denn wann gebraucht man was? Als Faustregel gilt (ich zitiere nach der Portugiesischen Grammatik von Maria Teresa Hundertmark-Santos Martins, erschienen im Niemeyer-Verlag): *Ser* wird gebraucht bei wesentlichen Eigenschaften und Dauerzuständen, die sich ihrer Natur nach nicht ändern oder doch wenigstens eine Zeitlang konstant bleiben (Nationalität, Beruf, Konfession, Charakter, Form, Material), bzw. wenn der Sprecher etwas als wesentlich oder dauerhaft darstellen will; ebenso bei Daten oder Zeitangaben. Beispiele: Sou *alemão* («Ich bin Deutscher»). *A história é triste* («Die Geschichte ist traurig»). *São estudantes* («Sie sind Studenten»). *Hoje é quinta feira* («Heute ist Donnerstag»). *A mesa é redonda* («Der Tisch ist rund»).

Estar wird gebraucht bei vorübergehenden Zuständen (Krankheit, Emotionen, Wetter) und bei Ortsangaben im Sinne von «sich befinden». Beispiele: *Ela está doente* («Sie ist krank»). *O carro está sujo* («Das Auto ist schmutzig»). *Hoje estou cansado e triste* («Heute bin ich müde und traurig»). *Ele está em casa* («Er ist zu Hause»). Weitere geläufige Wendungen mit *estar*: *estar de férias* («Urlaub machen»), *estar de acordo* («einverstanden sein»), *estar de volta* («zurück sein»), *estar à espera* («warten»), *estar à vista* («zu sehen sein»), *estar ao corrente* («auf dem Laufenden sein»), *estar em pé* («stehen»), *estar com fome* («Hunger haben»), *estar com sorte* («Glück haben»), *estar enganado* («sich täuschen»), *estar deitado* («liegen»).

Bei unveränderlichen Ortsangaben (z.B. von Gebäuden) gebraucht man *ser*. Hier kann man auch *ficar* verwenden. Beispiel: *Onde é (fica) o correio* («Wo ist die Post?»). Als Deutsche neigen wir dazu, bei Ortsangaben *ser* und *estar* zu verwechseln, da es im Deutschen immer «sein» heißt, egal ob ich aus Hamburg bin *(Eu sou de Hamburgo.)* oder ob ich in Hamburg bin *(Eu estou em Hamburgo.)*

Mit *ser* und *estar* hat sich das Portugiesische gegenüber dem Deutschen zudem eine Möglichkeit geschaffen, bei der Beschreibung von Zuständen genauer zu differenzieren. «Er ist krank» kann je nach der Schwere bzw. der Dauer der Krankheit übersetzt werden mit *Ele é doente* oder *Ele está doente.* Im ersteren Fall handelt es sich um eine wesensmäßige Eigenschaft, d.h. der Betreffende ist chronisch krank, im zweiten Fall um eine vorübergehende Erkrankung. Und wenn jemand sagt: «*Estou velho*», dann fühlt er sich alt, kann ansonsten aber noch jung an Jahren sein.

Gemeinsam haben *ser* und *estar*, dass es sich um unregelmäßige Verben handelt, schon daran zu erkennen, dass sich in der 1. Person Singular statt der üblichen Endung auf *-o* (z. B. *falo* – «ich spreche») ein *-ou* findet *(estou/sou)* und in der 3. Person des Plurals statt der üblichen Endung auf *-am (falam* – «sie sprechen») ein *-ão (estão/são).*

Doch zurück zu unserer Ausgangsfrage: Was hätte Hamlet auf Portugiesisch gesagt? Richtig! Da es sich um eine existentielle Frage handelt und nicht um das vorübergehende Sich-Befinden: *«Ser ou não ser – eis a questão!»*

29. Rund um die Zahlen

Es scheint keine große Notwendigkeit zu bestehen, sich um das Zahlenwerk einer fremden Sprache zu bemühen. Bis 10 haben wir schließlich unsere Finger, und ab 11 haben wir – den Arabern sei Dank! – weltweit eingeführte Ziffern, die man schnell auf einem Stück Papier notieren kann. Und selbst wer schon viele Jahre in Portugal lebt, wird sich dabei ertappen, dass er immer noch auf Deutsch zählt oder rechnet.

Wer sich aber doch um die portugiesischen Zahlen bemüht, hat die besten Karten, wenn er bereits in einer romanischen Sprache zählen kann, vor allem natürlich auf Lateinisch (aber wer kann das schon!?). Und los geht's: *um*, *dois*, *três*, *quatro*, *cinco*, *seis*, *sete*, *oito*, *nove*, *dez*. Das geht so munter weiter bis 15: *onze*, *doze*, *treze*, *catorze*, *quinze*. Doch schon ab 16 (im Französischen erst ab 17) werden Zehner und Einer zusammengesetzt: *dezasseis*, *dezassete*, *dezoito*, *dezanove*, ab 20 (*vinte*) durch Getrenntschreibung und das «e» (und) noch deutlicher sichtbar: *vinte e cinco* (25), *trinta e oito* (38), *oitenta e três* (83) etc.

Doch das ist, zumindest was die 1 und 2 angeht, nur die halbe Wahrheit. Es fehlt nämlich die «bessere Hälfte», d. h. die weibliche: *duas cervejas* (2 Biere), *quarenta e uma pessoas* (41 Personen). Auch bei den Hundertern und Tausendern geht es im Portugiesischen *politically correct* zu: *duzentas páginas* (200 Seiten), *duas mil garafas* (2.000 Flaschen). Und wo wir uns schon in diesen höheren Regionen bewegen: Es gibt zwei Ausdrücke für hundert: *cem* (= 100) und *cento* (ab 101). Ähnlich wie die Einer werden dann auch die Zehner mit «e» angehängt, z.B. *cento e cinquenta e nove* (159).

So weit so einfach. Komplizierter wird es bei den Ordnungszahlen. Als Adjektive haben sie nämlich nicht nur eine weibliche, sondern auch eine Pluralform, z.B. *as primeiras damas* (auf neudeutsch: die First Ladys). Dabei brauchen wir sie ganz dringend für die Wochentage, zumindest von Montag bis Freitag, denn in Portugal ist am Sonntag *feira*, d.h. Markt, und ab Montag geht es dann weiter mit *segunda-feira*, *terça-feira* (aufpassen: <u>nicht</u> *terceira*, wie «dritte» eigentlich heißt), *quarta-*

feira, *quinta-feira*, *sexta-feira*. Die nächsten Ordnungszahlen werden zumindest den Klavierspielern vertraut sein als Bezeichnung für die Intervalle: *sétimo/a* (7.), *oitavo/a* (8.), *nono/a* (9.), *décimo/a* (10.). Von da ab geht es «im Doppelpack» weiter, z.B. *décimo/a primeiro/a* (11.), *vigésimo/a quinto/a* (25.), *trigésimo/a nono/a* (39.).

Doch wer will schon so hoch hinaus? Zumindest brauchen wir die portugiesischen Ordnungszahlen nicht für das Datum. Da heißt es ganz schlicht *vinte e quatro de agosto* (24. August). Leider aber reicht die Kenntnis der arabischen Ziffern nicht aus. Für Könige und Päpste brauchen wir auch die römischen Zahlen, hinter die man im Portugiesischen jedoch keinen Punkt setzt (Pio XII, Carlos V). Ebenso für die Jahrhunderte, doch da sind wir ja erst bis zum *século XXI*, dem 21. Jahrhundert gekommen.

Es gibt auch eine Reihe von idiomatischen Wendungen, die sich der Zahlen bedienen. Man schließt etwas «mit sieben Schlüsseln», d.h. gründlich *(fechar a sete chaves)*, ist zufrieden, wenn man auf seinen «sieben Höfen» ist *(estar nas suas sete quintas)*, aber ziemlich derangiert oder betrunken, wenn man «zur 8 verbogen» ist *(feito num oito)*. Wenn jemand aber «die 4 machen» kann *(fazer o quatro)*, dann hat er den Nüchternheitstest bestanden: Er kann nämlich noch auf einem Bein stehen und das andere in Form einer Vier anwinkeln (Die härtere Version ist *fazer o seis*, wenn man links und rechts noch einen Backenstreich erhält und trotzdem nicht umfällt). Sprichwörtlich ist – in Anlehnung an die arabische Erzählsammlung – auch die 1.001 als Ausdruck für Vielfalt, z.B. die *Mil e uma razões para gostar de Portugal*, ein kleiner Führer, der Ihnen 1.001 Attraktionen in Portugal nennt.

30. Das hab ich nicht gewisst. Von den Tücken der portugiesischen Partizipien

Klein-Adrian neulich zu mir: «Ich hab das hingeschmeißt.» Als ich ihn dezent darauf hinweise, dass es «hingeschmissen» heißt, antwortet er mit Unschuldsmiene: «Das hab ich nicht gewisst, Opa.» So macht unser Enkel, der mit seinen zweieinhalb Jahren gerade dabei ist, sein Zeitensystem zu erweitern – also nicht nur in der Gegenwart zu reden, sondern auch schon in der Vergangenheit – die «schmerzliche» Erfahrung, dass nicht alle deutschen Verben ein schwaches Partizip bilden (z. B. laufen – gelaufen), sondern sehr viele ein starkes, man könnte auch sagen unregelmäßiges Partizip (z. B. wissen – gewusst).

Dem portugiesischen Nachwuchs geht es nicht viel anders. Und natürlich auch dem Portugiesisch lernenden Ausländer. Gott sei Dank bildet die große Mehrheit der portugiesischen Verben ein regelmäßiges Partizip, und zwar nach einem sehr einfachen Prinzip: Die Verben auf –ar bilden es auf –ado (z.B. *falar – falado*), während die Verben auf -er und -ir ein Partizip mit der Endung -ido bilden *(beber – bebido, bzw. partir – partido).* Aus der Reihe tanzen ein knappes Dutzend Verben, die jedoch sehr häufig gebraucht werden, wie *fazer* («machen»), *dizer* («sagen»), *ver* («sehen») etc. (siehe nachstehende Liste).

Doch wozu brauche ich überhaupt diese Partizipien? Wie an Adrians Äußerungen erkenntlich, bilde ich mit ihnen eine Zeit, zu der ich noch ein so genanntes Hilfsverb benötige, z. B. «haben» («Das hab ich gewusst»). Im Portugiesischen ist dies das Hilfsverb *ter* und mit ihm bilde ich das Perfekt (vollendete Gegenwart): *tenho falado* («ich habe gesprochen»), die Vorvergangenheit (Plusquamperfekt): *tinha falado* («ich hatte gesprochen»), die vollendete Zukunft: *terei falado* («ich werde gesprochen haben») und das vollendete Konditional (Möglichkeitsform): *teria falado* («ich hätte gesprochen»). Sie werden zugeben: Es handelt sich um Zeiten, ohne die man zur Not ganz gut auskommt.

Dafür kommt auf den Portugiesischlernenden eine weitere Tücke zu, die es in sich hat. Und das hat mit dem Doppelcharakter des Partizips zu tun. Dieses hat nämlich sowohl eine aktive als auch eine passive Bedeutung. Das gilt auch für das Deutsche. In dem Satz «Ich habe geschrieben» ist es aktiv und in «Der Roman wurde geschrieben» wird es passivisch gebraucht. Zum Passiv braucht man im Deutschen das Hilfsverb «sein», im Portugiesischen *ser* (*a casa foi vendida* – «das Haus wurde verkauft»). Bei einer Reihe von Verben bietet die portugiesische Sprache den zusätzlichen Luxus (man kann es auch als Schikane sehen!), dass sie für das Passiv ein unregelmäßiges Partizip bildet, während für den aktiven Gebrauch das regelmäßig gebildete Partizip auf -ado bzw. -ido zum Einsatz gelangt. So z. B. beim Verb *acender* («anzünden», «anmachen»: *tinha acendido a luz* («ich/er hatte das Licht angemacht»), aber *a luz foi acesa* («das Licht wurde angemacht»). Oder das Verb *entregar* («überreichen», «übergeben»): *teríamos entregado a mensagem* («wir hätten die Botschaft überbracht»), aber *a mensagem foi entregue* («die Botschaft wurde überbracht/ausgerichtet»). So hört man in Portugal, wenn man jemanden beim Abschied bittet, schöne Grüße zu Hause (*cumprimentos em casa*) auszurichten, die Antwort: *Serão entregues*, wörtlich: «Sie werden ausgerichtet werden» (siehe Kapitel 24: *Immer schön höflich*).

Eine kleine Auswahl von Verben mit doppeltem Partizip finden Sie nachstehend in einer weiteren Liste. Ganz toll treibt es das Verb *romper* («zerreißen», «zerbrechen»). Im Passiv kommen – je nach Zusammenhang – beide Formen zum Einsatz: *rompido/a* im übertragenen Sinn (*relações rompidas* – «abgebrochene Beziehungen») und *roto/a* für konkrete Gegenstände, z. B. Kleidung. Das kann man sich sehr gut am Ortsnamen *Manta Rota* merken. Doch welche Decke *(manta)* dort im Ostalgarve zerrissen (nicht «zerreißt»!) wurde, das hätte ich zu gerne selbst gewisst.

Unregelmäßige Partizipien (aktiv und passiv)

abrir	*aberto*	öffnen
cobrir	*coberto*	bedecken
escrever	*escrito*	schreiben
dizer	*dito*	sagen
fazer	*feito*	machen
ganhar	*ganho*	verdienen, gewinnen
gastar	*gasto*	ausgeben, verbrauchen
pagar	*pago*	bezahlen
pôr	*posto*	setzen, stellen, legen
ver	*visto*	sehen
vir	*vindo*	kommen

Die wichtigsten Verben mit doppeltem Partizip

Infinitiv	–	**Partizip aktiv**	–	**Partizip passiv**		
aceitar	–	*aceitado/a*	–	*aceite*	–	annehmen
acender	–	*acendido/a*	–	*aceso/a*	–	anzünden
convencer	–	*convencido/a*	–	*convicto/a*	–	überzeugen
empregar	–	*empregado/a*	–	*empregue*	–	anwenden, anstellen
expressar	–	*expressado/a*	–	*expresso/a*	–	ausdrücken
frigir	–	*frigido/a*	–	*frito/a*	–	braten
juntar	–	*juntado/a*	–	*junto/a*	–	vereinen, versammeln
limpar	–	*limpado/a*	–	*limpo/a*	–	reinigen
prender	–	*prendido/a*	–	*preso/a*	–	festnehmen, festmachen
salvar	–	*salvado/a*	–	*salvo/a*	–	retten
secar	–	*secado/a*	–	*seco/a*	–	trocknen
tingir	–	*tingido/a*	–	*tinto/a*	–	färben

31. Artikel hin – Artikel her Zum Gebrauch des portugiesischen Artikels

Wie kommt es, dass die Stadt Porto auf Englisch «Oporto» heißt? Ist das nur ein sprachliches Missverständnis der Engländer, die doch Portugals älteste Verbündete sind? Grundsätzlich ist es ja so, dass die Namen größerer Ortschaften und historischer Städte in der Sprache ihrer Nachbarländer eine andere Ausformung finden. Schließlich sagen wir auch nicht «Lisboa», sondern «Lissabon». Mit «Lisbon» sind die Engländer sogar näher am Original als wir. Aber wo kommt dieses zusätzliche «o» in «Oporto» her?

Nun, es ist nichts anderes als der männliche Artikel «o» (deutsch «der»). «Porto» gehört zu den portugiesischen Ortsnamen, die einen solchen Artikel führen. Allerdings nicht, wenn er isoliert gebraucht wird, d.h. in keinem Atlas, auf keiner Straßenkarte, keinem Wegweiser taucht er auf. Auch der Fußballverein heißt FC Porto und nicht FC o Porto. Erst im Satzzusammenhang wird der Artikel gebraucht, sei es, wenn «Porto» das Subjekt des Satzes ist *(O Porto é uma cidade bonita)*, sei es als Objekt *(Conheço bem o Porto)*. Aber auch in Verbindung mit einer Präposition, z. B. *para o Porto, com o Porto,* ... etc.

Das bedeutet für den Portugiesischlernenden natürlich eine zusätzliche Klippe, wenn es um die Präpositionen geht, die auch sonst mit dem nachfolgenden Artikel verschmelzen: *Vou ao (< a + o) Porto* («Ich fahre nach Porto»). *Sou do (< de + o) Porto* («Ich komme aus Porto»). *Passo pelo (= por + o) Porto* «Ich fahre an Porto vorbei/über Porto». Das Gleiche gilt natürlich für die Ortsnamen, die von dem weiblichen Artikel *a* begleitet werden, z. B. *Vou à (<a + a) Quarteira. Sou da (<de + a) Quarteira. Passo pela (<por + a) Quarteira.* Ob ein Ortsname von einem männlichen oder weiblichen Artikel begleitet wird, erkennt man an der Endung: Die Ortsnamen auf -a sind weiblich, die auf -o oder -l sind männlich.

Doch woher weiß ich, welche Ortsnamen einen Artikel haben? Hier streiten sich die Geister. Häufig liest man, dass es sich bei Ortsnamen mit Artikel um solche handelt, die eine konkrete Bedeutung haben. So heißt *o porto* «der Hafen». Das Gleiche gilt für *o Rio de Janeiro* («der Januarfluss»), *a Figueira da Foz* («der Feigenbaum der Flussmündung»), *a Guarda* («die Wache»), *o Funchal* («das Fenchelfeld»). Hierher gehören auch die ausländischen Stadtnamen, die schon von Haus aus einen Artikel haben wie *o Havre* (Le Havre, eigentlich «der Hafen») oder *a Haia* (Den Haag, eigentlich «der Wald»). Schwerer zu erklären sind – um in Portugals Süden zurückzukehren – a Fuseta («kleine Flussmündung», von *a foz*), a Carrapateira («Rhizinusstrauch») oder a Quarteira (hängt mit «Vierteilung» zusammen). Aber wie kommen a Covilhã, o Buçaco, a Nazaré oder a Fátima zu ihren Artikeln?

Es gibt eben doch keine Regeln. Der arme Portugiesischlernende muss die Städtenamen mit Artikel einfach auswendig lernen: *Tem de decorar estes casos – e pronto!* «Er muss sich diese Fälle einprägen – und basta!» (So die unverblümte Aussage einer Portugiesischlehrerin). Gott sei Dank bleiben sie die Ausnahme. Die wichtigsten finden Sie im nachstehenden Kasten.

Bei den Ländernamen geht es genau andersherum. Die meisten von ihnen brauchen einen Artikel, wenn sie mit einer Präposition oder im Satz gebraucht werden. Die Ausnahmen sind überschaubar (siehe Kasten), dazu zählen neben Portugal die Länder Israel, Marrocos, Cuba und Andorra sowie die ehemaligen portugiesischen Kolonien, aber auch die Provinz Trás-os-Montes und das spanische Castela. Grenzfälle sind África, França, Espanha und Itália. Diese können sowohl mit als auch ohne Artikel gebraucht werden. Werden sie mit Artikel gebraucht, wird damit eine größere emotionale Nähe zu dem Land signalisiert. Dies ist ähnlich wie bei Personennamen. Unterhalten sich zwei Portugiesen über «o Jorge», dann ist dieser ihnen vertrauter, als wenn sie von ihm einfach als «Jorge» sprechen. Die Nähe zu Afrika (koloniale Vergangenheit), Frankreich (das klassische Auswanderungsland der Portugiesen), Italien (aus religiösen Gründen?) kann sich immer mal wieder sprachlich niederschlagen, weniger bei Spanien, obwohl – oder gerade weil – es in unmittelbarer Nachbarschaft liegt und jahrhundertelang als Rivale galt. Das manifestiert sich in dem bekannten Sprichwort: *De* (nicht *da*!) *Espanha nem bom vento nem bom casamento.* «Aus Spanien weder guter Wind noch gute Ehen.»

Ortsnamen mit Artikel

(a) Fuseta
(a) Quarteira
(a) Carrapateira
(a) Covilhã
(a) Guarda
(a) Figueira da Foz
(a) Nazaré
(a) Fátima
(a) Póvoa de Varzim
(a) Pampilhosa
(as) Caldas da Rainha
(a) Haia

(o) Porto
(o) Buçaco
(o) Seixal
(o) Cacém
(o) Ameal
(o) Funchal
(o) Rio de Janeiro
(o) Recife
(o) Havre
(o) Cairo

Ländernamen ohne Artikel

Portugal
Israel
Marrocos
Cuba
Andorra
Cabo Verde

Angola
Moçambique
S. Tomé e Príncipe
Timor
Trás-os-Montes
Castela

32. Der Krieg der Geschlechter

Im Frühjahr 2005 ist ein sehr schöner Lissabonführer erschienen, den ich allen Freunden der Tejo-Metropole nur wärmstens empfehlen kann: *Claus-Günter Frank, Lissabon. Entdeckungen in Portugals Metropole* (Verlag Klöpfer & Meyer). Der Verfasser, ehemaliger Lehrer an der Deutschen Schule Lissabon, führt den Leser auf acht Spaziergängen bzw. -fahrten durch Lissabon und Umgebung. Eine große Schar von Schriftstellern, zum Teil portugiesische, aber überwiegend deutsche, begleiten ihn auf diesen Ausflügen, und die Auszüge aus ihren Werken verschaffen dem Leser einen tieferen Einblick in die Topographie und Geschichte der besuchten Örtlichkeiten.

Obwohl (oder gerade weil?) Claus-Günter Frank des Portugiesischen mächtig ist, gerät er beim Zitieren immer wieder in das Dilemma welches Geschlecht portugiesische Namen und Begriffe erhalten sollen, das durch das Portugiesische vorgegebene oder das durch das deutsche Sprachgefühl sich aufdrängende. Er gerät, martialisch ausgedrückt, immer wieder zwischen die Fronten des Kriegs der Geschlechter. Oder – um es an einem vertrauten Beispiel zu verdeutlichen – wie heißt es nun richtig *die* oder *der* Algarve?

Deutsche Touristen, aber auch Residenten, die schon länger in dieser portugiesischen Provinz ansässig sind, haben sich angewöhnt, *die* Algarve zu sagen, obwohl Algarve im Portugiesischen eindeutig männlichen Geschlechts ist. Nun gilt beim Zitieren ausländischer Begriffe zwar die Regel, dass das ursprüngliche Geschlecht auch im Deutschen zu verwenden sei. So muss es, um ein Beispiel aus dem Französischen zu nennen, *der amour fou* («leidenschaftliche Liebe») heißen und nicht *die amour fou*, auch wenn «die Liebe» im Deutschen weiblich ist. Das Englische mit seinem Unisex-Artikel *the* lässt dem ausländischen Sprachgefühl mehr Freiheit. So sagen wir *das* Internet, weil wir dabei an *das* Netz denken. Die Portugiesen denken natürlich an *a rede*, und deswegen heißt es auch *a internet*. Ähnlich heißt es bei uns *die* Website (in Anlehnung an *die* Seite?), im Portugiesischen jedoch *o site* (entsprechend dem verwandten *o sítio*).

Das deutsche Sprachgefühl setzt sich über das ursprüngliche Geschlecht sogar dann hinweg, wenn es sich um ein Wort der gleichen Herkunft handelt. Wir sagen *die* Tour (im Französischen *le tour. La tour*, portugiesisch *a torre*, ist der Turm!) und *die* Gruppe (franz. *le groupe*, port. *o grupo*). Durch diese etymologische Verwandtschaft verleitet, schreiben deutsche Journalisten und Reiseschriftsteller häufig: *der Torre de Belém*, *der Praça do Comércio*, *die Elétrico*, *das Bairro Alto*, *der Estação do Rossio*, *das Casa do Alentejo*... Claus-Günter Frank kann es, hin und her gerissen zwischen seinem eigenen portugiesischen Sprachgefühl und den Zitaten deutscher Autoren mit geringen Portugiesischkenntnissen, passieren, dass er mal sagt *die Praça do Comércio*, dann aber wieder *der Praça do Município*.

Doch zurück zu unserer Ausgangsfrage: Wie kommen wir dazu, einen männlichen portugiesischen Begriff wie *o Algarve* weiblich zu verwenden? Dafür hört man die verschiedensten Erklärungen, z. B. bei *die* Algarve denkt man doch an *die* Küste (wobei ich mich frage: Und was ist mit dem Hinterland? Ist das dann *der* oder *das Algarve*?). Oder: Gemeint ist *die* Region oder *die* Provinz (aber warum heißt es dann nicht *die* Alentejo oder *die* Minho?). Manche führen sogar die Agave als Begründung an, eine Pflanze, die sich in der Tat sehr häufig in der/dem Algarve findet. Bloß heißt diese auf Portugiesisch *a piteira* und kann somit nicht als Stammwort dienen (dies ist bekanntlich das arabische *al gharb*, was so viel wie «der Westen» heißt).

Wie soll sich nun der deutsche Algarvebesucher bzw. -resident in diesem Zweifrontenkrieg verhalten? Muss er sich, wenn er *die* Algarve sagt, womöglich vorwerfen lassen, er verhalte sich *politically incorrect* und betreibe sprachlichen Kolonialismus? Ich meine, man sollte das Ganze unakademisch und weniger kriegerisch sehen. Selbst wenn es *grammatically incorrect* ist, sagen Sie weiterhin die Algarve, wenn es Ihrem Sprachgefühl entspricht und Sie damit Ihrer Zuneigung zu diesem schönen Landstrich am besten Ausdruck verleihen können.

33. *A presidenta* – Der Krieg der Geschlechter geht weiter

Im Zuge der portugiesischen Parlamentswahlen im Juni 2012 wurde mit Assunção Esteves zum ersten Mal eine Frau zum Parlamentspräsidenten – pardon, zur Parlamentspräsidentin – gewählt. Und sofort tauchte die Frage auf: Wie soll man die Frau, die immerhin das zweithöchste Amt des Landes innehat, bezeichnen: *a presidente* oder *a presidenta*? Eine auf den ersten Blick unsinnige Frage, sollte man meinen, die sich nur eine am Geschlechterkampf interessierte Feministin ausgedacht haben kann. Schließlich sind alle auf *-ente* endenden Substantive je nach Geschlecht des Handlungsträgers männlich oder weiblich. *Presidente* ist im Grunde eine Form des Verbs *presidir* – «vorsitzen». Und ähnlich wie im Deutschen («vorsitzend») wird das Geschlecht des- oder derjenigen, der oder die vorsitzt, durch den vorangestellten Artikel *o* – «der» oder *a* – «die» unterschieden. So gibt es *o estudante* («der Student», wörtlich «der Studierende») und *a estudante* («die Studentin»), *o residente* («der Ortsansässige», wörtlich «der Residierende») und *a residente* («die Ortsansässige»), *o dirigente* («der Leiter») und *a dirigente* («die Leiterin»). Sollten die Trägerinnen all dieser Bezeichnungen auf *-ente* auf einem Endungs-a bestehen, dann kämen die männlichen Handlungsträger eines Tages auf die absurde Idee, ein Endungs-o zu verlangen. Damit wäre Cavaco Silva *o presidento de Portugal!*

Angestoßen wurde die Diskussion um die *presidenta* durch Pilar del Río, die (spanische) Witwe des 2010 verstorbenen portugiesischen Nobelpreisträgers José Saramago. In dem wunderbaren Dokumentarfilm *José e Pilar* von Miguel Gonçalves Mendes (2010) korrigiert sie den Interviewer, sie sei *presidenta* und nicht *presidente* der Stiftung José Saramago. Begründung: Sie sei schließlich eine Frau und da es vor ihr nur männliche Präsidenten in diesem Amt gegeben habe, müsse man der ersten weiblichen Inhaberin das Recht auf einen explizit weiblichen Titel zuerkennen. Bei Pilar del Rio hat sicher auch das Spanische Pate gestanden, wo es in der Tat beide Formen nebeneinander gibt. Doch inzwischen ist die *presidenta* auch in Portugal auf dem Vormarsch, und zwar auf dem Umweg über Brasilien. Dort nennt sich die Staatspräsidentin Dilma Rousseff auch gerne *presidenta*, böse Zungen behaupten in Nachahmung ihrer erfolgreichen Kollegin Cristina Kirchner, die zum zweiten Mal zur *Presidenta de Argentina* gewählt wurde.

Der Kampf um ein Endungs-a als Kennzeichnung des weiblichen Geschlechts wird von vielen Portugiesen belächelt oder gar als *machismo feminino* («weibliches Macho-Gehabe») abgetan. Zumindest geht er völlig an der grammatischen Realität des Portugiesischen vorbei. Im Portugiesischen (wie im ebenso vom Lateinischen abstammenden Spanisch und Italienisch) haben in der Tat viele Substantive die männliche Endung -o und die weibliche -a (*o menino, a menina* – «der Junge/das Mädchen»). Aber daneben gibt es die große Gruppe der auf einen Konsonanten endenden Wörter, bei denen seit jeher für die weibliche Form ein -a angehängt wird (*o tradutor, a tradutora* – «der/die Übersetzer/in»). Und was ist mit den vielen Substantiven griechischen (nicht lateinischen!) Ursprungs, die auf -a enden und sowohl für männliche als auch weibliche Wesen dienen, z.B. *o/a turista* («der/die Tourist/in»)?

Die einzigen Ausnahmen bilden *a poetisa* («die Dichterin») von *o poeta* («der Dichter») und *a mulher-polícia* («die Polizistin») von *o polícia* («der Polizist»), da *a polícia* schon «die Polizei» heißt. Man könnte – selbst wenn es einen Aufschrei gegen diesen *machismo* geben dürfte – einfach allen auf -a endenden Substantiven für die männliche Form ein -o verpassen. So bereits geschehen in einem deutschen Lissabon-Führer, wo allen Ernstes behauptet wird, der Fadista hieße *o fadisto*.

Keine grammatische Gleichberechtigung bei den Substantivendungen herrscht allerdings bei den militärischen Rängen, vermutlich, weil Portugal keine weibliche Militärtradition kennt. Selbst eine *soldada* («Soldatin») gibt es in Portugal (noch) nicht, obwohl das Wort – im Gegensatz zur *presidenta* – sprachlich kein Bauchgrimmen verursacht, heißt es doch «die Besoldete» vom Verb *soldar* – «einen Sold auszahlen». Pilar del Río möchte man nur zurufen: Keine halben Sachen machen bei der sprachlichen Emanzipation! Warum nur den Substantiven auf *-ente* ein -a verpassen? Warum nicht auch gleich den Adjektiven auf *-ente*? Schließlich unterliegen die Adjektive den gleichen Genus-Regeln wie die Substantive: Es gibt *bonito/a* («schön»), *frio/a* («kalt») etc. Warum nicht also auch *quenta* (statt *quente* – «warm»)? Dann hätte Pilar del Río die Möglichkeit, sich *uma presidenta inteligenta* zu nennen.

34. Kür mit Konjunktiv

Beim Portugiesischlernen ist es wie beim Eislaufen: Es gibt die Pflicht und es gibt die Kür. Sie können beim Einkaufen schon sagen, dass etwas zu teuer ist *(É muito caro)*? Sie können sich mit Ihrem portugiesischen Nachbarn über das Wetter unterhalten *(Está quente hoje)*? Und Sie können sogar dem Polizisten erklären, warum Sie Ihren Wagen gerade an dieser Stelle geparkt haben *(Não encontrei outro lugar)*? Dann haben Sie es schon weit gebracht, aber damit bewegen Sie sich noch in der Pflichtwertung, denn all diese Sachverhalte können Sie im Indikativ ausdrücken, der Wirklichkeitsform des Verbs.

Wenn Sie jedoch sagen möchten, dass Sie etwas vielleicht *(talvez)* machen wollen oder dass Sie möchten, dass dies oder jenes geschieht *(Quero que venhas mais cedo* «ich möchte, dass du früher kommst»), dann wird der Portugiesischerwerb zur Kür-Übung: Sie brauchen dazu nämlich den Konjunktiv, die Möglichkeitsform des Verbs. Und dafür bringen wir als Vertreter einer germanischen Sprache schlechte Voraussetzungen mit. Während im Englischen bis auf ein paar Formeln (z.B. *God save the Queen* oder *If I were you*) der Konjunktiv ganz ausgestorben ist, haben wir ihn im Deutschen noch, vor allem in der indirekten Rede. Aber wer sagt heute schon: «Er sagte, er *flöge* nach Rio» oder «Er sagte, er *brächte* sie nach Hause»? Wir weichen in solchen Fällen gerne auf den Konditional aus («er würde fliegen, er würde bringen»).

Ganz anders das Portugiesische. Hier ist der Konjunktiv noch so verbreitet, dass man in scherzhafter Anlehnung an die Bindehautentzündung geradezu von einer Konjunktivitis sprechen kann. Im Gegensatz zu anderen romanischen Sprachen wie z.B. dem Französischen, wo eigentlich nur noch der Konjunktiv der Gegenwart gebräuchlich ist (*Je veux que tu fasses ce travail*) gibt es im Portugiesischen nicht weniger als sechs Zeitstufen des Konjunktivs: neben dem Konjunktiv Präsens, dem Konjunktiv Imperfekt und dem Konjunktiv Futur gibt es noch drei Konjunktive der mit dem Hilfsverb *ter* zusammengesetzten Zeiten Perfekt, Plusquamperfekt und vollendetes Futur.

Sicher werden Sie jetzt sagen: Was soll dieser Luxus und welcher Portugiese beherrscht all diese Konjunktive? Zumindest benutzen Portugiesen ständig Konjunktivformen, auch wenn sie sich über die grammatischen Implikationen nicht im Klaren sind. Wenn sich Sr. Silva von D. Elzira mit *«Adeus, até amanhã!»* verabschiedet und sie mit *«Até amanhã, se Deus quiser»* («Bis morgen, so Gott will») antwortet, hat sie mal eben den Konjunktiv des Futurs von *querer* benutzt. Oder wenn jemand ausruft: «*Deus me livre!*» («Gott steh mir bei!»), dann verwendet er den Konjunktiv Präsens von *livrar*. Und so gibt es eine Reihe von sprachlichen Formeln mit Konjunktiv, die im Portugiesischen gang und gäbe (Hoppla, da kommt doch noch ein deutscher Konjunktiv!) sind (siehe Kasten). Man kann diese Wendungen wie Vokabeln oder idiomatische Redewendungen lernen und anwenden, ohne sich bewusst zu werden, dass man da gerade einen Konjunktiv benutzt. Man kann natürlich auch ganz ohne Konjunktiv auskommen. Die Portugiesen als freundliche und verständnisvolle Gesprächspartner werden entzückt sein, auch wenn Sie sich «nur» im Pflichtbereich, sprich dem Indikativ, auszudrücken bemühen.

Die Beherrschung des Konjunktivs stellt größte Herausforderungen an den Portugiesischlernenden. Ähnlich wie in den anderen romanischen Sprachen gibt es eine Reihe von Fällen, in denen die Beherrschung des Indikativs nicht ausreicht. Da sind zuerst die Verben des Wünschens oder Befehlens, nach denen der Konjunktiv stehen muss. So muss man im Portugiesischen sagen: *Quero que desapareças* (nicht: *desapareces*, das wäre der Indikativ!), («Ich möchte, dass du verschwindest»). Oder: *Ele pede que o levemos* (nicht: *levamos*!) *à estação*), («Er bittet darum, dass wir ihn zum Bahnhof bringen»). Weitere Verben des Wünschens und Befehlens: *desejar que* («wünschen dass»), *(não) permitir que* («erlauben bzw. nicht erlauben, dass»), *mandar que* («befehlen»).

Zu einer noch größeren Gruppe von Verben, die einen Konjunktiv nach sich ziehen, zählen alle, die Gefühle wie Furcht, Zweifel oder Hoffnung ausdrücken: *Tenho medo que isso não resulte* (nicht: *resulta!*), («Ich fürchte, dass das nicht klappt»). *Duvido que ele venha* (nicht: *vem!*), («Ich bezweifle, dass er kommt»). *Espero que estejas* (nicht: *estás!*) *contente* («Ich hoffe, dass du zufrieden bist»). Weitere Verben dieser Gruppe: *agradecer que* («danken»), *gostar que* («mögen, dass»), *sentir que* («bedauern, dass»), *estranhar que* («sich wundern, dass»).

Dann gibt es die vielen unpersönlichen Ausdrücke (im Deutschen durch «es» eingeleitet): *Basta que compremos* (nicht: *compramos!*) *um quilo de batatas* («Es genügt, dass wir ein Kilo Kartoffeln kaufen»). *É bom que se lembrem* (nicht: *lembram!*) *de nós* («Es ist gut, dass sie sich an uns erinnern»). *É pena que não possas* (nicht: *podes!*) *assistir* («Es ist schade, dass du nicht dabei sein kannst»). Weitere unpersönliche Ausdrücke, nach denen der Konjunktiv steht: *é duvidoso que* («es ist zweifelhaft, ob»), *é justo que* («es ist gerecht, dass»), *é melhor que* («es ist besser, dass»), *é possível que* («es ist möglich, dass»), *é preciso que* («es ist nötig, dass»), *pode ser que* («es kann sein, dass»).

Der Konjunktiv muss auch in einem Nebensatz stehen, der durch *para que* («damit») oder *ainda que/mesmo que/embora* («obwohl») eingeleitet wird: *Faço tudo para que fiques* (nicht: *ficas!*) *satisfeito* («Ich tue alles, damit du zufrieden bist»). *Mesmo que exagere* (nicht: *exagera!*) *um pouco, tem razão* («Selbst wenn er ein bisschen übertreibt, hat er Recht»). Fängt ein Satz mit *talvez* («vielleicht») oder *oxalá* («hoffentlich») an, muss das Verb ebenfalls in den Konjunktiv gesetzt werden.

Bei den Verben des Meinens, Denkens, Behauptens liegt der Fall etwas komplizierter: Sie lösen den Konjunktiv nur aus, wenn sie verneint sind: *Creio que estão todos* («Ich glaube, dass alle da sind.» Indikativ!), aber: *Não creio que estejam todos* («Ich glaube nicht, dass alle da sind.» Konjunktiv!).

Auch bei den Relativsätzen kommt es auf den Zusammenhang an. Normalerweise steht der Indikativ: *Sr. Silva é um homem que conhece bem a cidade* («Sr. Silva ist ein Mann, der die Stadt gut kennt»). Wenn es aber in dem Relativsatz um eine gesuchte Eigenschaft geht, dann muss das Verb im Konjunktiv stehen: *Procuro um homem que conheça bem a cidade* («Ich suche einen Mann, der die Stadt gut kennt»).

Am häufigsten wird der Konjunktiv in den so genannten Konditionalsätzen verlangt, d.h. Sätzen, in denen eine Bedingung gestellt wird. Im Deutschen werden sie durch «wenn» bzw. «falls» eingeleitet, im Portugiesischen mit *se*. Doch bevor Sie im Portugiesischen eine Bedingung stellen, müssen Sie sich über die Erfüllbarkeit dieser Bedingung im Klaren sein.

Da gibt es drei Ebenen der Wahrscheinlichkeit, die wir an einem praktischen Beispiel demonstrieren wollen. Fall 1: «Wenn du Zeit hast, gehen wir ins Kino.» Dies ist eine realistische Annahme. Fall 2: Man weiß von vornherein, dass der andere keine Zeit hat («Wenn du Zeit hättest, könnten wir ins Kino gehen»). Weitere Schlüsse daraus bleiben hypothetisch. Aber man kann ja mal darüber spekulieren oder davon träumen. Fall 3: Ganz ausgeschlossen ist die Realisierung der Bedingung, wenn der Zeitpunkt bereits verstrichen ist («Wenn du gestern Zeit gehabt hättest, hätten wir ins Kino gehen können»).

Für den Fall 1 benötigen Sie im Portugiesischen den Konjunktiv Futur (*Se tiveres tempo, ...*). Diese Form leitet man am einfachsten von der 3. Person Plural der Vergangenheit (*pretérito perfeito simples*, kurz PPS) ab: *eles tiveram* («sie hatten/bekamen») des unregelmäßigen Verbs *ter*. Schneiden Sie einfach die Endung *-am* ab und schon haben Sie die 1. und 3. Person Singular des Konjunktivs des Futurs. Bei der 2. Person Singular (*tu*) hängen Sie noch die Endung *-es* an, bei der 1. Person Plural (*nós*) die Endung *-mos* und bei der 3. Person Mehrzahl (*eles*, *elas*, *vocês*) *-em*. Um alle Formen noch mal im Zusammenhang aufzuführen («wenn ich Zeit hätte, wenn du Zeit hättest...»): *se (eu) tiver tempo, se tiveres tempo, se (ele/ela/você) tiver tempo, se tivermos tempo, se (eles/elas/vocês) tiverem tempo.*

Den Umweg über das PPS können Sie sich bei den regelmäßigen Verben sparen. Da hängen Sie diese Endungen direkt an den Infinitiv, d.h. die Grundform des Verbs: *se (eu) falar, se falares* etc. Leider sind gerade die unregelmäßigen Verben die gebräuchlichsten. Der nebenstehende Insert soll eine Hilfe sein.

Einige unregelmäßige Konjunktive des Futurs und Imperfekts

dar (geben)	– *der*	– *desse*
dizer (sagen)	– *disser*	– *dissesse*
estar (sein)	– *estiver*	– *stivesse*
fazer (machen)	– *fizer*	– *fizesse*
ir (gehen/fahren)	– *for*	– *fosse*
ser (sein)	– *for*	– *fosse*
pôr (setzen/stellen/legen)	– *puser*	– *pusesse*
querer (wollen/mögen)	– *quiser*	– *quisesse*
saber (wissen)	– *souber*	– *soubesse*
ter (halten/haben)	– *tiver*	– *tivesse*
trazer (bringen)	– *trouxer*	– *trouxesse*
ver (sehen)	– *vir*	– *visse*
vir (kommen)	– *vier*	– *viesse*

Für den Fall 2 (die Annahme ist eher unwahrscheinlich) brauchen wir den Konjunktiv Imperfekt: *se tivesses tempo* («wenn du Zeit hättest, aber leider hast du ja nie Zeit»). Auch diese Form erhalten wir über das PPS. Dieses Mal aber schneiden wir einen Buchstaben mehr, nämlich das «r», ab und hängen folgende neue Endungen an: *-sse, -sses, -sse, -ssemos, -ssem.* Also: *se (eu) tivesse, se tivesses, se (ele/ela/você) tivesse, se tivéssemos, se tivessem.* Wie man sieht, brauchen wir in der 1. Person Plural zusätzlich einen Akzent auf der drittletzten Silbe, da diese betont werden muss. Ähnlich wie beim Konjunktiv Futur gilt auch beim Konjunktiv Imperfekt die Regel, dass man bei den regelmäßigen Verben einfach vom Infinitiv ausgeht, das Schluss-r streicht und die entsprechende Endung anhängt. Also: *se (eu) falasse, se falasses, se (ele/ela/você) falasse, se falássemos, se (eles/elas, vocês) falassem.*

Gerade die 1. Person Plural dieses Konjunktivs ist sehr geläufig. In einer Situation, in der man berät, was zu tun ist, hört man dann häufig Vorschläge wie *E se comprássemos um bilhete?* («Wie wär's wenn wir eine Karte kaufen?»), *E se fôssemos ao teatro?* («Wie wär's mit einem Theaterbesuch?»), *E se bebêssemos mais um copo?* («Lass uns noch ein Glas trinken!») Beim 3. Fall (alles schon vorbei!) brauchen wir den Konjunk-

tiv Plusquamperfekt. Der setzt sich zusammen aus dem Konjunktiv des Imperfekts des Hilfsverbs *ter* (siehe oben) und dem so genannten Partizip Perfekt des Hauptverbs auf *-ado* oder *-ido*, wenn es denn nicht unregelmäßig ist (siehe die Aufstellung im Kap. 30). Somit würde unser Ausgangssatz auf Portugiesisch so beginnen: *Se ontem tivesses tido tempo, …* («Wenn du gestern Zeit gehabt hättest, …»). Oder: *Se não tivéssemos comprado o livro, ...* («Wenn wir das Buch nicht gekauft hätten, …»). Oder: *Se tivessem vindo mais cedo, …* («Wenn sie früher gekommen wären, …»).

Redewendungen mit Konjunktiv

Mit Konjunktiv Präsens

Por mais que pense	Je mehr ich darüber nachdenke
Assim seja	So sei es
Faça chuva, faça sol	(Egal) ob es regnet oder die Sonne scheint
Há quem diga	Es gibt Leute, die sagen
Por estranho que pareça	So seltsam es scheint
Por mais incrível que pareça	So unglaublich es scheint
Ao que saiba	Soweit ich weiß
Diga-se de passagem	Nebenbei bemerkt
Deus me perdoe	Gott verzeih mir
Deus te proteja	Gott schütze dich
Passe o exagero	Wenn die Übertreibung erlaubt ist

Mit Konjunktiv Imperfekt

Por mais que tentasse	So sehr er/ich auch versucht hat/habe
Fazer quanto pudesse	Alles Mögliche anstellen
O que quer que fosse	Was es auch gewesen sein mag

Mit Konjunktiv Futur

Como calhar	Wie es passt
Se lhe convier	Wenn es Ihnen genehm ist
Se Deus quiser	So Gott will
Levar onde quiser	Irgendwo hinbringen
Faço o que me vier na gana	Ich mache, was mir so gerade in den Sinn kommt

Mit Konjunktiv Präsens und Futur

Salve-se quem puder	Rette sich, wer kann
Digam o que disserem	Sie können sagen, was sie wollen
Seja como for	Wie dem auch sei
Seja onde for	Wo es auch sei
Doa a quem doer	Ohne Rücksicht auf Verluste / Wem der Schuh passt

35. *Português ou brasileiro?*

In deutschen Übersetzungen heißt es häufig: «Aus dem Brasilianischen übersetzt von...». Doch hat sich das brasilianische Portugiesisch von dem europäischen so weit fort entwickelt, dass wir es mit einer eigenen Sprache zu tun haben? Die Sprachwissenschaftler sprechen eher von einer Variante, ähnlich wie beim amerikanischen Englisch. Und in der Tat sind die Unterschiede nicht so groß, dass man von einem eigenständigen «Brasilianisch» sprechen kann.

Am auffälligsten sind für den Außenstehenden die Unterschiede in der **Aussprache**. So wird in Brasilien das auslautende «s» oder «z» nicht wie «sch» ausgesprochen, sondern wie «s», dafür das «d» und «t» vor «e» bzw. «i» wie «dsch» oder «tsch». Am Wortende wird das «r» nur gehaucht, das «l» wie «u» (die Brasilianer leben also in «Brasíu») und das «e» wie «i» gesprochen. Dafür behalten die Vokale auch in einer unbetonten Silbe ihre Qualität, d.h. das «a» wird nicht wie in Portugal zum stummen «e» und das «o» nicht zum «u». Nimmt man die brasilianische Lust am Dehnen der Nasale dazu und die melodiöse Stimmführung, kann man verstehen, warum viele Deutsche das brasilianische Portugiesisch als schöner und musikalischer empfinden.

Sehr gering sind hingegen die Unterschiede in der **Grammatik**. Sie beschränken sich eigentlich auf den Gebrauch des Gerundiums statt des Infinitivs, wenn man sagen will, dass man gerade dabei ist, etwas zu tun *(estou fazendo statt estou a fazer)*. Doch diese typisch brasilianische Variante findet man schon im Algarve und auf den Inseln (Madeira, Azoren). Ansonsten lassen die Brasilianer gerne den Artikel *(o/s, a/s)* weg, so bei Eigennamen (*Jorge* statt *o Jorge*) oder wenn das Substantiv von einem Possessivpronomen begleitet wird *(meu livro statt o meu livro)*. Sehr locker gehen die Brasilianer auch mit den Personalpronomen um. Während in Portugal strenge Regeln herrschen (im Allgemeinen wird das Pronomen hinter das Verb gestellt, bei Verneinungen, nach bestimmten Adverbien oder in Fragesätzen mit Fragewort vor das Verb, also *amo-te*, aber: *não te amo, ainda te amo, por que te amo?* etc.) stellt der Brasilianer das Pronomen hin, wo es ihm gerade passt oder es am besten klingt. Gut zu wissen ist noch, dass in weiten Teilen Brasiliens statt des *tu* die Anrede *você* gebräuchlich ist, die in Portugal eher eine Siez-Form ist. Auch bei der **Rechtschreibung** waren die Unterschiede bislang minimal, und da der *acordo ortográfico* nun endlich auch in Portugal umgesetzt wird, entfallen selbst diese Differenzen (siehe den nachfolgenden Artikel).

Umso stärker sind die Differenzen auf dem Gebiet des **Wortschatzes**. Es gibt sogar ein portugiesisch-brasilianisches Lexikon (*Dicionário Contrastivo Luso-Brasileiro*, Ed. Guanabara), in dem Mauro Villar 8.500 Ausdrücke zusammengetragen hat, die es auf dem anderen Kontinent nicht gibt oder die dort eine andere Bedeutung haben. So kann es schon mal Verwirrung geben, wenn man einen Brasilianer nach seinem Nachnamen *(apelido)* fragt: In Brasilien bedeutet *apelido* nämlich »Spitzname» (port. *alcunha*). Vorsicht auch bei Ausdrücken wie *camisola* (in Portugal: «Pullover», in Brasilien: «Nachthemd») oder *bicha* (in Portugal: «Menschenschlange», in Brasilien: «Schwuler»). Dank der brasilianischen *telenovelas* im portugiesischen Fernsehen vollzieht sich – zumindest auf dieser Seite des Atlantiks – auch hier eine Annäherung der beiden Portugiesisch-Varianten. Und so stößt sich inzwischen in Portugal niemand daran, wenn er statt des landesüblichen *Olá* mit dem brasilianischen *Oi* begrüßt wird.

Brasileiro	Português	Alemão
o abajur	o candeeiro	Nachttischlampe
a aeromoça	a hospedeira	Stewardess
o apelido	a alcunha	Spitzname
o apontador	o apara-lápis	Bleistiftanspitzer
arrumar	arranjar	besorgen, heranschaffen
a bala	o rebuçado	Bonbon
a banca de jornais	o quiosque	Zeitungsstand
o banheiro	a casa de banho	Badezimmer
o bezerro	o vitelo	Kalb
a bicha, pop.	o maricas, pop.	Schwuler
a blusa/o pulôver/o suéter	a camisola	Pullover
o bonde	o elétrico	Straßenbahn
o café da manhã	o pequeno almoço	Frühstück
a calçada	o passeio	Bürgersteig
a camisola	a camisa de noite	Nachthemd
o cardápio	a ementa	Speisekarte
a carona	a boleia	Mitfahrgelegenheit
o chope, pop.	a cerveja	Bier
a cuca, pop.	a cabeça	Kopf
o diretor	o realizador	(Film)Regisseur
a doceira	a pastelaria	Konditorei
o encanador	o canalizador	Klempner
o engenho	a fábrica de açúcar	Zuckerfabrik
o envelope	o sobrescrito	Briefumschlag
o esporte	o desporto	Sport
estar numa boa, pop.	estar bem disposto	gut drauf sein
a fazenda	a quinta	Landgut, Bauernhof
o fichário	o ficheiro	Zettelkasten
a fila	a bicha	Menschenschlange
a garçonete	a criada (da mesa)	Kellnerin
a geladeira	o frigorífico	Kühlschrank
o ginásio	o liceu	Gymnasium
o goleiro	o guarda-redes	Torwart
os grilos, pop.	os problemas	Probleme
o guarda-sol	o chapéu (de sol)	Sonnenschirm
jeans	as calças de ganga	Jeans
jóia, pop.	muito bem	toll
legal, pop.	bem	ok, in Ordnung
o lança-perfume	a bisnaga	Ätherzerstäuber als «Waffe» beim Karneval (offiziell verboten)
a lanchonete	snack-bar	Imbissbude

mandar brasa, pop.	fazer depressa	schnell erledigen
uma mão mole, pop.	um preguiçoso ein	Faulpelz
marrom	castanho	braun
meia hora	meia noite e meia	0:30 Uhr
a moça	a rapariga	Mädchen
a nota	a conta	Rechnung (Restaurant)
o ônibus	o autocarro	Bus
o papo, pop.	a conversa	der Klönschnack
a perua	a carrinha	Lieferwagen
a praça redonda	a rotunda	Kreisverkehr
a privada	a retrete	das Klo
quadrado, pop.	antiquado	altmodisch
o rabicho, pop.	o namoro	Flirt, Liebesbeziehung
a roupa de banho	o fato de banho	Badeanzug
o saguão	o hall	Eingangshalle (z.B. Flughafen)
o sítio	a quinta	Bauernhof, Farm, Landgut
o sobrado	a vivenda	Villa (zweistöckiges Einzelhaus)
o sorvete	o gelado	(Speise)Eis
o suco	o sumo	Fruchtsaft
o terno	o fato	Anzug
o térreo	o rés-do-chão	Erdgeschoss
topar, pop.	aceitar, estar de acordo	einverstanden sein
o trem	o comboio	der Zug
os trilhos	os carris	(Eisenbahn)Schienen
o vaso sanitário	a sanita	das Klo
o vira-lata, pop.	o rafeiro	Straßenköter
a vitrina	a montra	Schaufenster
a xícara	a chávena	Tasse

36. Rechtschreibreform auf Portugiesisch: Der *acordo ortográfico*

Im Jahre 1990 beschlossen die 8 Länder der portugiesischen Sprachgemeinschaft CPLP (Angola, Brasilien, Cabo Verde, Guiné Bissau, Mosambik, Portugal, São Tomé e Príncipe, Osttimor) eine einheitliche Rechtschreibung (den so genannten *Acordo Ortográfico*). Brasilien mit heute (2014) knapp 200 Millionen der insgesamt über 240 Millionen Portugiesisch sprechenden Menschen hatte ein besonderes Interesse an dieser Vereinheitlichung, nicht zuletzt aus wirtschaftlichen Gründen. Doch auch die anderen lusophonen (portugiesischsprachigen) Länder sahen darin eine Stärkung des an 8. Stelle der Weltsprachen liegenden Portugiesisch.

In Portugal selbst kümmerte man sich jedoch lange nicht darum. Erst als Ende 2006 mit São Tomé e Príncipe das dritte Land (nach Brasilien und Cabo Verde) das Abkommen ratifizierte – womit der Vertrag auch für die anderen fünf Staaten verbindlich wurde –, kam Bewegung in die portugiesischen Reihen. Nun wachten auch die Gegner der Reform auf. Es wurden Petitionen eingereicht. Eine Unterschriftensammlung im Internet brachte es in zwei Tagen auf mehr als 100.000 Unterschriften.

Doch aller Widerstand war vergeblich. Die Gesetzesvorlage passierte im Mai 2008 das Parlament und wurde im September desselben Jahres von Präsident Cavaco Silva unterzeichnet. Seit dem 1.1.2009 galt eine Übergangszeit, in der beide Rechtschreibweisen akzeptiert wurden, seit 2014 (Brasilien 2012) gelten die neuen Regeln. Wie sehen diese aus und warum erzürnen sie weite Kreise der Intellektuellen Portugals?

Nun, die Grundtendenz ist: weg von der «gelehrten» Schreibweise, d.h. in der die griechische oder lateinische Wurzel erkennbar ist (z. B. verliert nun *húmido*, «feucht», das *h*). Das Schriftbild wird jetzt der Aussprache angepasst. So erscheinen alle Konsonanten, die nicht gesprochen werden, auch nicht im Schriftbild. Das betrifft vor allem das *c* und *p* vor Konsonanten. *Eléctrico* («Straßenbahn») wird zu *elétrico*, *actor* («Schauspieler») zu *ator*, *óptimo* («sehr gut») zu *ótimo*. In den Wörtern, in denen das *c* bzw. *p* gesprochen wird *(z.* B. in *facto*, *pacto*, *apto*, *réptil)* wird es auch weiterhin geschrieben. Diese Regelung, die es schon länger im brasilianischen Portugiesisch gibt, kommt dem Portugiesischlernenden sehr entgegen, kann er doch dem Schriftbild gleich die korrekte Aussprache entnehmen.

Auch die nächste Regelung dürfte erst einmal begrüßt werden: Die Flut der Akzente wird weiter eingeschränkt (schon bei der Rechtschreibreform von 1945 wurden sie stark reduziert), insbesondere bei Doppelvokalen. Statt *lêem* («sie lesen») heißt es jetzt *leem* und *veem* statt *vêem* («sie sehen»). Und so werden die Brasilianer in Zukunft auf den Akzent in *vôo* («Flug») und *idéia* («Idee») verzichten müssen. Bedenklicher wird es schon, wenn jetzt auch die diakritischen, d.h. unterscheidenden Akzente wegfallen. *Para* kann jetzt sowohl «er, sie, es hält an» (früher *pára*) als auch «für» heißen (*é para ti*, «das ist für dich») oder *pelo* sowohl «Körperhaar» (früher *pêlo*) als auch «durch/für den/die/das…» (zum Beispiel *obrigado pelo* (< *por+o*) *convite*, «vielen Dank für die Einladung»).

Neu für Portugal (nicht für Brasilien) ist die Kleinschreibung der Wochen- und Monatsnamen *(sábado, janeiro)*. Außerdem wird bei den Bindestrichen aufgeräumt: *fim de semana* statt *fim-de-semana*, «Wochenende», *autoestrada* statt *auto-estrada*, «Autobahn» (aber weiterhin *micro-ondas*, «Mikrowelle» wegen des sonst fälligen Doppel-o). Insgesamt sind lediglich 1,6% des portugiesischen Wortschatzes betroffen, bei den Brasilianern sogar nur 0,5%. Aber das alleine mag schon der Grund für den hinhaltenden Widerstand der Portugiesen sein. Dabei wird aber übersehen, dass das eigentlich Trennende nicht die unterschiedliche Schreibung ist (Amerikaner und Briten können mit den jeweiligen Varianten auch sehr gut leben), sondern die Unterschiede in den grammatischen Strukturen (besonders Stellung der Pronomen) und im Wortschatz (siehe vorstehenden Artikel).

Vorher	**Nachher**
Norte, Sul etc.	norte, sul etc.
Senhor Professor	senhor professor/Senhor Professor
Avenida da Liberdade	avenida da liberdade/ Avenida da Liberdade
Sábado, Domingo, Segunda-feira	sábado, domingo, segunda-feira
Janeiro, Fevereiro, Março etc.	janeiro, fevereiro, março etc.
Primavera, Verão etc.	primavera, verão etc.
leccionar, acção, eléctrico, colecção	lecionar, ação, elétrico, coleção
óptimo, baptizar, adoptar, Egipto	ótimo, batizar, adotar, Egito
sumptuoso, peremptório	suntuoso, perentório
lêem, vêem, crêem, dêem	leem, veem, creem, deem
heróico, jibóia	heroico, jiboia
pára (< parar), pêlo, pólo	para, pelo, polo
hei-de, há-de, havemos-de	hei de, há de, aber: havemos-de
fim-de-semana, à-vontade	fim de semana, à vontade
manda-chuva, para-quedas	mandachuva, paraquedas
co-autor, auto-estrada	coautor, autoestrada
mini-saia, anti-religioso	minissaia, antirreligioso

37. *Portinglês*

Wer hat sich nicht schon über das sogenannte Denglisch bzw. Engleutsch gewundert oder sogar entrüstet? Doch das Gemäkel der Puristen nützt nichts: Mit der politischen Dominanz der englischsprachigen Welt (das Britische Imperium bis ins 20. Jahrhundert hinein und seit dem 2. Weltkrieg die USA) hat sich das Englische weltweit als Verkehrssprache (*Lingua franca*) etabliert. Damit einher geht die Übernahme von Begriffen, die es angeblich so prägnant nicht in der eigenen Sprache gibt, z.B. in der Computerbranche, über wörtliche Übertragung idiomatischer Wendungen («das macht keinen Sinn», «ich denke» statt «ich glaube/meine») bis hin zur Grammatik wie im Fall des sich ausbreitenden Apostroph's.

Auch das Portugiesische ist dagegen nicht gefeit. Über den sprachlichen Zwitter, auch *Portinglês* (= *Português* + *Inglês*) genannt, wird zwar die Nase gerümpft, aber niemand muss mit Strafverfolgung rechnen, wie z.B. in Frankreich, wo der Gebrauch des *Franglais* (*Français* + *Anglais*) im öffentlichen Raum, z. B. der Werbung, unter Strafe steht. Im Gegenteil: Es zeigt sich, dass das englische Wortgut liebevoll in den lusitanischen Fundus aufgenommen und integriert wird.

Während im Deutschen die englische Rechtschreibung möglichst beibehalten wird und die Eindeutschung eher auf dem Gebiet der Aussprache stattfindet – man denke nur an Firmennamen wie «Colgate» oder «Tupperware» – bemühen sich die Portugiesen, dem englischen Klang des Wortes orthographisch gerecht zu werden. So geschah es schon mit französischen Begriffen, die bereits seit dem 19. Jahrhundert ins Portugiesische eindrangen: *o abajur* (*l'abat-jour*, «der Lampenschirm»), *o cupão* (*le coupon*, «der Abschnitt»), *o* (!) *duche* (*la douche*, «die Dusche»), *o sutiã* (*le soutien*, «der BH»), *o chofer* (*le chauffeur*, «der Fahrer»), *o guichê* (*le guichet*, «der Schalter»), *o detalhe* (*le détail*, «die Einzelheit»).

Sieht man «portenglische» Begriffe geschrieben, ist man zuerst einmal verwirrt. Damit sie sich uns erschließen, müssen wir sie uns über die Zunge bzw. ins Ohr gehen lassen. Versuchen Sie es doch mal mit den nachfolgenden Beispielen. Die Lösung finden Sie auf S. 163

1. o bife
2. a/o sanduíche (a sandes)
3. o coquetel
4. o uísque
5. o xelim
6. o cadilaque
7. o queque
8. charape
9. o camone
10. o jipe
11. o taparuer
12. o póquer
13. o golo
14. o pabe
15. jines
16. o time
17. o chute
18. a naifa
19. o lanche
20. o líder
21. o disaine
22. o chou
23. a tichêrte
24. o cobói
25. o blecaute (bras.)

Einige dieser aus dem Englischen übertragenen Wörter sind dem Portugiesischen inzwischen so sehr einverleibt, dass man mit ihnen grammatisch all das machen kann wie mit «gestandenen» portugiesischen Begriffen. So gibt es zu *o chute* (Nr. 17) das Verb *chutar* («schießen») und zu *o lanche* (Nr. 19, nicht zu verwechseln mit *a lancha*, «die Barkasse») das Verb *lanchar* («vespern»). Von *naifa* (Nr. 18) ist abgeleitet *o naifista* («der Messerheld»), von *cobói* (Nr. 25) *a coboiada* («der Cowboy-Film», aber auch «das wilde Durcheinander») und vom Verb *snifar* (von Englisch *sniff*) *a snifada* («die Kokainprise»). Von *o líder* wird der korrekte portugiesische Plural der Substantive auf -r gebildet, nämlich mit -es (*os líderes*, ebenso wie *os gângsteres*). Außerdem ist davon das allgemein gebräuchliche Verb *liderar* («führen») abgleitet. Eine direkte Übertragung von Englisch *lead* kommt insofern nicht in Frage, als das Verb *lidar* («zu tun, zu kämpfen haben») bereits existiert.

38. *Happy birthday to you* auf Portugiesisch

Die Globalisierung, die im Grunde genommen eine Amerikanisierung ist, macht auch vor Fest- und Feiertagen keinen Halt. Wer hat schon vor 20, 30 Jahren *Valentine's Day* oder *Halloween* gefeiert? Und während man früher zum Geburtstag *Viel Glück und viel Segen* intoniert hat, am liebsten sogar im Kanon, tönt es heute allerorten auf Englisch *Happy birthday to you*. Der Text ist ja auch schön einfach: Man singt im Grunde viermal den Titel und nur beim dritten Mal muss man den Namen des Besungenen einfügen: *Happy birthday, liebe/r Soundso.*

Die Portugiesen sind da schon ein bisschen einfallsreicher. Sie bedienen sich zwar auch derselben Melodie, singen aber mit einem portugiesischen Text, und zwar gleich zwei Strophen. Schauen wir ihn uns einmal Zeile für Zeile genauer an. Er beginnt mit *Parabéns a você. Parabéns* sind die Glückwünsche, zusammengesetzt aus *para* («für») und *bens* (Plural von *o bem*, «das Gut»). Wenn man jemandem gratuliert, sagt man *ele/ela está de parabéns. Você* ist eine Anrede, für die es im Deutschen keine Entsprechung gibt. Sie liegt irgendwo zwischen «du» und «Sie» (mehr dazu im Kapitel 24). Anders als das einsilbige *tu* («du») oder die mehrsilbigen Ausdrücke für «Sie» *(o senhor/a senhora)* passt es hier sehr schön, weil wir von der Melodie her ein zweisilbiges Wort brauchen. Das *tu* ist übrigens in Brasilien, woher der Text der ersten Strophe stammt (eine gewisse Bertha Celeste Homem de Mello ging 1942 mit diesem Text als Siegerin aus einem Wettbewerb hervor) wenig gebräuchlich. Hier stellt das *você* bereits die Duzform dar.

Weiter geht's mit *nesta data querida.* Was so viel heißt wie «an diesem lieben/geliebten Datum». *Nesta* ist die Zusammenziehung von *em* («in/an») und *esta*, der weiblichen Form des Demonstrativbegleiters *este* («dieser»). In der dritten Zeile wünscht man dem Geburtstagskind «viel Glück» *(muitas felicidades)* und in der vierten und letzten Zeile der ersten Strophe *muitos anos de vida*, was wörtlich übersetzt «viele Lebensjahre» heißt. Die *anos* («Jahre») bezeichnen in Portugal aber auch gleichzeitig den Geburtstag. So heißt «Geburtstag haben/feiern» im Portugiesischen *fazer anos*. Wenn jemand 20 Jahre alt wird, sagt man also *ele/ela faz vinte anos*. Das in Brasilien geläufigere *aniversário* wird in Portugal auch für «Geburtstag» gebraucht. Aber ursprünglich bezeichnet man damit in Portugal jede Art von Jahrestag.

Die zweite Strophe legt gleich feierlich los: *Hoje é dia de festa* («Heute ist [ein] Festtag») und schwingt sich sodann auf dichterische Höhen: *Cantam as nossas almas* («Unsere Seelen singen»). Ist das Bild von den singenden Seelen schon kühn genug, so wird es durch die Voranstellung des Verbs, sogenannte Inversion, noch verstärkt. In normaler Wortstellung würde der Satz lauten: *As nossas almas cantam*. Und nun endlich – wir sind inzwischen in der 7. Zeile angelangt! – wird das Geburtstagskind angesprochen bzw. angesungen: *Para o menino* ... oder wenn es ein weibliches Wesen ist *Para a menina* ... und es folgt der entsprechende Name. Dabei wird die Bezeichnung *menino/menina* («Junge/Mädchen») bei älteren Herrschaften augenzwinkernd in Kauf genommen. Den explosiven Höhepunkt liefert – welch kluge Dramaturgie! – die letzte Zeile, in der eine Salve abgefeuert wird. Doch nicht erschrecken: Es handelt sich um eine *salva de palmas*, wörtlich eine «Salve von Handflächen», nämlich die der Geburtstagsgäste, die in die Hände klatschen (die Portugiesen «schlagen Handflächen» – *batem palmas*), während der/die Gefeierte die Kerzen auf der Geburtstagstorte auspustet.

Parabéns a você
Nesta data querida,
Muitas felicidades,
Muitos anos de vida.

Hoje é dia de festa.
Cantam as nossas almas.
Para o menino/a menina...
Uma salva de palmas.

39. Fremdkörper

Als vor einiger Zeit ein portugiesischer Provider auf großen Plakatwänden mit dem Spruch «*Clix custa nix*» für sich warb, rieben sich nicht nur deutsche Touristen und Residenten die Augen. Fremdkörper aus dem deutschen Sprachbereich, so genannte Germanismen, dringen nicht gerade häufig in den portugiesischen Sprach-Corpus ein. Ganz anders sieht es mit englischen Fremdkörpern, den so genannte Anglizismen, aus. Sie breiten sich geradezu krebsartig aus und führen zu Zwitterformen wie dem Denglisch (Deutsch + Englisch), Franglais (Französisch + Englisch) oder Portinglês (Portugiesisch + Englisch).

Doch bei allem Naserümpfen über das Vordringen von Anglizismen darf man nicht übersehen, dass eine Reihe von *estrangeirismos* – so nennen portugiesische Puristen diese sprachlichen Fremdkörper – auch aus anderen Sprachen ihren Weg ins Portugiesische gefunden haben. Da ist in erster Linie das Französische zu nennen. Frankreich war bis zum 2. Weltkrieg das große kulturelle Vorbild. So wurden im 18./19. Jahrhundert, ähnlich wie in Deutschland, eine Reihe französischer Begriffe, sogenannte Gallizismen, aus dem Bereich der Politik, des Militärs, der Künste, aber auch des täglichen Lebens wie der Gastronomie und der Mode übernommen. Interessanterweise passen die Portugiesen, im Gegensatz zu den Deutschen, das französische Schriftbild der eigenen Aussprache an (siehe Kasten). Diese «Lusitanisierung» führt jedoch nicht zu solch extremen Differenzen wie bei der Übernahme der englischen Fremdkörper, wo man wirklich zweimal hinschauen oder – noch besser – den Begriff laut lesen muss, um das englische Original auszumachen (siehe Kapitel 37). Dass dieser ganze Angleichungsprozess der Gallizismen noch im vollen Gang ist, zeigt die Regelung, dass man die französische Endung «*-ier*» neuerdings «*-iê*» schreiben soll (*ateliê* statt *atelier*, *dossiê* statt *dossier* etc).

Solche orthografischen Anpassungen sind bei der Übernahme aus dem Spanischen nicht vonnöten, zu ähnlich sind sich die beiden iberischen Sprachen. Ja, bei einigen Begriffen ist die kastilische Herkunft den meisten Portugiesen nicht einmal bewusst, wie z. B. bei *a frente*

(«Stirnseite»), *moreno* («dunkelhäutig, -haarig»), *a cataplana* («kupfernes Kochgeschirr»), *a gamba* («Garnele», neudeutsch «Scampi»), *a boina* («Baskenmütze»), *a faina* («Plackerei, Arbeit an Bord»), *o tijolo* («Ziegelstein»). Während Portugal jahrhundertelang Rücken an Rücken mit den – wie sie leicht ironisch genannt werden – *nuestros hermanos*, «unseren Brüdern» lebte, kann man seit dem gemeinsamen EU-Eintritt (1.1.1984) eine größere Öffnung beobachten. Dies zeigt sich auch in der zwanglosen Übernahme spanischer Begriffe. Während *o mirone* («der Gaffer») und *o aficionado* (ursprünglich «der Stierkampfanhänger», heute jede Art von «Liebhaber/Fan») noch den entsprechenden portugiesischen Artikel erhalten, wird bei *la movida* («nächtliches Treiben») selbst darauf verzichtet.

Überhaupt sollte man das ganze Thema unemotional und ohne Chauvinismus angehen. Denn im Grunde ist die portugiesische Sprache von heute, historisch betrachtet, selbst ein Fremdkörper. Sie ist nämlich die Fortentwicklung des Lateinischen, mit dem die Römer die Sprache der keltiberischen Bevölkerung verdrängten. Von dieser existieren nur noch einige Begriffe, vor allem aus dem häuslichen Bereich (*a broa* «das Maisbrot», *a garra* «die Kralle», *o morro* «der Hügel»). Mit dem Eindringen der germanischen Stämme (Sueben, Westgoten) im 5. Jahrhundert wurde auch germanisches Wortgut in die sich formierende portugiesische Sprache aufgenommen (z.B. *fresco* «frisch», *rico* «reich», *a guerra* «der Krieg», *o elmo* der Helm, *a harpa* die Harfe, *o ganso* die Gans, *o margrave* der Markgraf etc.). Noch zahlreicher dürften die «Fremdkörper» sein, die durch die arabischen Eroberer ab 715 eingedrungen sind. Viele der mit «al», dem arabischen Artikel, beginnenden Wörter sind arabischen Ursprungs, aber auch eine ganze Reihe anderer Begriffe und Namen.

Später kamen dann noch die so genannten «gelehrten» Wortbildungen aus dem Lateinischen und Griechischen in den verschiedenen Wissenschaftsbereichen, besonders in der Medizin, hinzu. Sie haben dem Portugiesischen das wohl größte Wortungetüm beschert, nämlich den *otorrinolaringologista*, die landesübliche Bezeichnung für den HNO-Arzt. Bis der deutsche Tourist diese über die Lippen gebracht hat, braucht er wohl selbigen nicht mehr (dazu Kapitel 13). Auch die deutschen Mineralogen haben hier ihr Scherflein beigetragen, wie die Beispiele *o feldspato* und *o quartzo* zeigen. Und wer meint, dass es an deutschen «Fremdkörpern» sonst *nix* gibt, dem kann ich noch *a valsa* (der Walzer) und *o vermute* (der Wermut) bieten. Doch diese beiden beschwingten oder beschwingenden Vertreter sind auf dem Umweg über Frankreich (*la valse, le vermouth*) nach Portugal gelangt.

Der vollständige Text dieses Artikels ist im Heft 3 der Portugal-Post erschienen und nachzulesen auf der PHG-homepage (www.phg-hh.de).

Französische Lehnwörter

o abajur – l'abat-jour, der Lampenschirm
a boate – la boîte, der Nachtclub
o cais – le quai, der Kai
o chapéu – le chapeau, der Hut
o chofer – le chauffeur, der Fahrer
o croissã – le croissant, das Hörnchen
o cupão – le coupon, der Abschnitt
o detalhe – le détail, das Detail
o(!) duche – la douche, die Dusche
o guichê – le guichet, der Schalter
o pionés – la punaise, die Heftzwecke
a rulote – la roulotte, der Wohnwagen
o sutiã – le soutien-gorge, der BH

Wörter arabischen Ursprungs

o açúcar – der Zucker
a albufeira – der Stausee
a alcatifa – der Teppich
o álcool – der Alkohol
a aldeia – das Dorf
a alface – der Kopfsalat
o alfaiate – der Schneider
a alfândega – der Zoll
o algodão – die Baumwolle
a almofada – das Kissen
a argola – der Ring
o armazém – das Lager
o arraial – das Fest
o arroz – der Reis
o atum – der Thunfisch
o azeite – das Olivenöl
azul – blau
a cenoura – die Karotte
o marfim – das Elfenbein
a nora – der Schöpfbrunnen
o quintal – Garten hinter dem Haus
o refém – die Geisel
o xarope – der Sirup

Algarve, Alfama, Aljezur
Silves, Lisboa, Guadiana

40. Falsche Freunde

Kennen Sie die Geschichte von dem englischen Seemann, der in stark alkoholisiertem Zustand vergeblich gegen die Tür einer portugiesischen Kneipe drückt (engl. *push*), auf der *Puxe s.f.f.* («Ziehen, bitte») steht? Gleiches gilt für einen anderen Engländer, der in einer portugiesischen Apotheke ein Mittel gegen Verstopfung (engl. *constipation*) verlangt, aber stattdessen eines gegen Schnupfen (port. *constipação*) erhält. Beide Engländer wurden Opfer von so genannten «falschen Freunden». Das sind Wörter oder Begriffe, die aufgrund ihrer Ähnlichkeit mit einem Wort in der Muttersprache zu Fehlleistungen beim Gebrauch der Fremdsprache führen. Das kann sogar tödlich enden, wie im Fall der armen Katze (port. *gato*), die in Paris von der portugiesischen Hausangestellten statt des Kuchens (frz. *gateau*) in den Backofen geschoben wurde.

Dass es zwischen den beiden romanischen Sprachen Französisch und Portugiesisch besonders viele *falsos amigos* (frz. *faux amis*) gibt, musste ich immer wieder in meinem Französischunterricht an der Deutschen Schule Lissabon erfahren. Gleich zu Beginn meiner Tätigkeit, als meine Portugiesischkenntnisse noch sehr lückenhaft waren, wurde ich von dem schallenden Gelächter meiner Schüler überrascht, als in einem Text über die ältere Generation in Frankreich die Rede von ihrer *retraite* («Pensionierung») war. Auf meine erstaunte Rückfrage erfuhr ich, dass *retrete* im Portugiesischen «Klo» heißt.

Aber auch zwischen dem Deutschen und dem Portugiesischen treiben sich eine Menge falscher Freunde herum, die einem ein Bein stellen können. So tappte ich gleich zu Beginn meines Portugalaufenthalts ins Fettnäpfchen, als ich unserer portugiesischen Gastgeberin das zweifelhafte Kompliment machte, das von ihr zubereitete Gericht sei *esquisito* gewesen. Damals konnte ich noch nicht wissen, dass *esquisito* nicht «exquisit» bedeutet, sondern so viel wie «seltsam, merkwürdig». Und das *povo sem rumo*, als welches das portugiesische Volk in einer Zeitung kurz nach der Revolution bezeichnet wurde, ist nicht ein «Volk ohne Raum» (wie einer meiner Kollegen an der Deutschen Schule Lissabon flott übersetzte), sondern ein «Volk ohne Richtung», ein «richtungsloses Volk».

Hier ein paar weitere Beispiele von «falschen Freunden», denen wir als Deutsche leicht aufsitzen können. *O cigarro* ist keine «Zigarre», sondern eine «Zigarette» («die Zigarre» heißt *o charuto*). *A lâmpada* ist keine «Lampe» (die heißt *candeeiro*), sondern eine «Glühbirne». *O rato* ist keine «Ratte», sondern die «Maus» («die Ratte» = *a ratazana*). Ein *ginásio* ist kein «Gymnasium» (das heißt *liceu*), sondern eine «Sporthalle». Ein «Macho» ist kein *macho* (= «männliches Tier»), sondern ein *machista*, und die «Palme» heißt nicht *palma* (das ist die «Handfläche»), sondern *a palmeira*. Ein *dirigente* leitet alles Mögliche (Partei, Verein o. ä.), aber kein Orchester. Das ist ein *regente*. Eine «Konferenz» ist eine *reunião* und keine *conferência* (das bedeutet so viel wie «Vortrag», «Referat») und das dabei angefertigte «Protokoll» sind die *atas* (*actas* nach alter Schreibweise; mehr dazu im Kapitel 36). Ein *protocolo* hat einen sehr viel größeren Bedeutungsumfang, teilweise ähnlich wie im Deutschen (Begriff aus der Diplomatie und der Politik). Sollten Sie eine «Batterie» für Ihr Radio oder andere Kleingeräte brauchen, verlangen Sie bitte keine *bateria* (die brauchen Sie für Ihr Auto), sondern eine *pilha*, nicht zu verwechseln mit *a pílula*, der Pille. Verwirrend für uns ist auch, dass die *indianos* keine Indianer sind, sondern Inder. Die Indianer wiederum heißen *índios*. Alles klar?

41. Portugiesisches im deutschen Wortschatz

Am 6./7. Juni 2014 wurde in Hamburg der 50. Jahrestag der Unterzeichnung des Anwerbeabkommens zwischen Portugal und der Bundesrepublik Deutschland groß gefeiert. Die portugiesischen Mitbürger der Freien und Hansestadt Hamburg haben diese aufgrund ihrer maritimen Tradition ohnehin «portugiesischste Stadt Deutschlands» nachhaltig geprägt. Auch sprachlich. Hamburg verfügt ohnehin mit über 70 portugiesischen Cafés und 40 Restaurants über die europaweit größte gastronomische Szene außerhalb Portugals. Inzwischen ist es in Hamburg üblich, einen **Galão** (und nicht *Milchkaffee*) und dazu eine **Nata** (für *pastel de nata*) zu bestellen. Der *galão* errang in den 80er und 90er Jahren sogar so etwas wie Kultcharakter.

Doch schon lange vor den vor 50 Jahren entsandten Portugiesen gab es eine starke portugiesische Präsenz in der Hansestadt, die auch sprachlich Spuren hinterlassen hat. Die aus dem Portugiesischen entlehnten Fremdwörter mögen zwar nicht so zahlreich sein wie die aus dem Französischen oder Englischen. Aber alle diese Begriffe haben einen interessanten kulturhistorischen Hintergrund. Häufig sind sie über andere Länder (Holland/Belgien, Italien, England) zu uns gekommen, so dass die portugiesische Herkunft nicht gleich erkennbar ist oder es sich streiten lässt, ob sie nicht auf dem gleichlautenden spanischen Wort basieren. Ein berühmtes Beispiel ist das **Embargo,** das sich aber wohl im Zusammenhang mit dem in Flandern tobenden Erbfolgekrieg des spanischen Königshauses bei uns eingebürgert hat.

Eindeutig portugiesischen Ursprungs ist das **Autodafé**, die feierliche Verbrennung von Ketzern. Es kommt aus dem portugiesischen *auto da fé* («Akt des Glaubens») und erinnert an die unrühmlichen Zeiten, in denen die Inquisition in Portugal Triumphe feierte. Auch die **Karavelle** ist eindeutig portugiesischer Herkunft (*caravela*). Dieser wendige Schiffstyp erlaubte das Kreuzen gegen den Wind, was wiederum die Überquerung des Atlantiks ermöglichte. Zudem war die Karavelle glatt geplankt und damit schneller als die schwerfälligen Hansekoggen, bei denen die Planken sich noch überlappten (so genannter «Klinker»). Diese Bauweise nennt man noch heute nach ihrem portugiesischen Ursprung **Karweel** oder **Kraweel** (englisch *carvel building*).

Bei anderen maritimen Ausdrücken ist nicht sicher, wieweit sie direkt aus dem Portugiesischen ins Deutsche übernommen wurden oder auf dem Umweg über andere Sprachen. So verdanke ich Jürgen Schaper den Hinweis auf den **Monsun**. Das Wort stammt ursprünglich vom portugiesischen *monção* ab, das wiederum auf ein arabisches Wort zurückgeht. Zu uns soll es dann aber über das englische *monsoon* gelangt sein. Die Monsunwinde sind auch als **Passate** bekannt, ein Wort, das zwar direkt aus dem Holländischen zu uns gekommen ist, aber wohl auf portugiesisches Wortgut zurückgeht. *Os ventos que passam* (vom Verb *passar* – vorbeiziehen) sind die Winde, die bodennah zwischen den Erdhalbkugeln ziehen.

Im Hamburger Hafen, wichtigster Anlaufpunkt der portugiesischen Handelsschiffe, kennt man den Ausdruck **Kallebusch** (aus port. *calaboiço*) für «Gefängnis» und **Despachant** (port. *despachante*) für jemanden, der die Zollgeschäfte abwickelt. Mit Sicherheit kommt auch das Wort **palavern** aus dem Portugiesischen *(palavrear)*. Zu gerne hätte Jürgen Schaper auch den **Kabeljau** dem portugiesischen Konto gutgeschrieben. Und in der Tat war der *bacalhau* eine frühe Domäne der Portugiesen. Der Kluge *(Etymologisches Wörterbuch der deutschen Sprache)* umkurvt auch hier mal wieder elegant das Portugiesische und macht einen Ursprung in dem holländischen Wort *bakeljauw* fest, das durch Konsonantenumstellung des b und des k auch als *cabeliau* existiert.

Unumstritten portugiesischen Ursprungs ist allerdings die **Marmelade**. Zu den heimischen Exportgütern der portugiesischen Segler, die im 17. und 18. Jahrhundert die deutschen Häfen, allen voran Hamburg, anliefen, gehörte neben dem Olivenöl, den Trockenfrüchten und dem so wichtigen Meersalz auch die *marmelada*, d.h. das aus der Quitte *(marmelo)* hergestellte Mus oder Gelee.

Auch bei überseeischen Fruchtimporten ist das Portugiesische sprachbildend geworden, so bei den «klassischen» Früchten der Tropen wie der **Banane** (port. *banana*) und der **Ananas** (port. *ananás*). Hier scheidet ein spanischer Einfluss schon deswegen aus, weil die Spanier diesen Früchten heimische Bezeichnungen gegeben haben. So heißt die Banane auf Spanisch *plátano*, weil die Bananenstauden sie an die heimische Platane erinnerte, und die Ananas *piña*, weil sie in ihrer Form einem Pinienzapfen ähnelt. Die Spanier erwiesen sich somit auch sprachlich als Konquistadoren, während die Portugiesen die Begriffe der Einheimischen übernahmen. Aus den Indiosprachen Brasiliens stammen natürlich auch die **Papaya** und die **Maracuja**, die allerdings auf dem Weg zu uns den Akzent auf dem Schluss-a (port. *maracujá*) und damit die Betonung auf der letzten Silbe verloren hat.

Ein anderes «Handelsgut» waren die Schwarzafrikaner. Auch wenn man in den etymologischen Lexika als Herkunft des deutschen Wortes **Neger** das spanische *negro* findet, spricht doch vieles dafür, dass es von dem gleichlautenden portugiesischen Wort stammt. Schließlich waren die portugiesischen Sklavenhändler, die *negreiros*, nicht nur die Ersten, sondern lange Zeit auch die Führenden in diesem traurigen Geschäft. Kunsthistorisch von großer Bedeutung sind die aus den portugiesischen Kolonien, z. B. Indien importierten Perlen geworden. Im Dresdner Grünen Gewölbe sind drei besonders prachtvolle **Barock**-Perlen zu sehen, so benannt nach port. *barroco* («schief-rund», «unregelmäßig», «extravagant»).

Moderneren Ursprungs sind die portugiesischen Bezeichnungen der Tanzmusik wie **Samba**, **Bossa Nova**, **Lambada** und des Fernsehens (**Telenovela**), die uns aus Brasilien erreichen. Wieweit jedoch das durch die Fußball-Weltmeisterschaft in Brasilien in den deutschen Medien allgegenwärtige **Seleção** Eingang in den deutschen Wortschatz finden wird, darf füglich bezweifelt werden, auch wenn der Kolumnist der Süddeutschen Zeitung in seinem «Streiflicht» vom 8.7.2014 davon ausgeht.

42. *Filho de peixe...* Kleine portugiesische Fischkunde

Dóri-Fischer

Portugal bereisen und keinen frischen Fisch essen – das ist so wie Paris besuchen, ohne auf dem Eiffelturm gewesen zu sein, oder den Karneval von Rio, ohne den Samba erlebt oder sogar selbst getanzt zu haben. Trotz stark abgefischter Küste ist Portugal nach wie vor *das* Land des frischen Fisches. Im Pro-Kopf-Verbrauch liegen die Portugiesen europaweit gleich hinter den Dänen, und die ausländischen Touristen, soweit sie nicht eine «eingefleischte» Abneigung gegen Fisch haben oder diesen nur in Stäbchenform konsumieren können, genießen alle Jahre wieder den frisch zubereiteten Fisch in seiner verwirrenden Artenvielfalt.

Zu gerne hätte der fischbegeisterte Tourist gewusst, was sich hinter den verschiedenen portugiesischen Namen verbirgt, d.h. wie sich ein *cherne*, ein *pargo* oder eine *garoupa* auf Deutsch nennt. Die mehrsprachigen Speisekarten sind oft keine große Hilfe. Da hilft eher das auf der Homepage der Portugiesisch-Hanseatischen Gesellschaft (www.phg-hh.de) von Dr. Werner Hansmann angelegte mehrsprachige Verzeichnis.

Doch was nützt mir die deutsche Bezeichnung für eine Fischart, die bei uns nicht heimisch ist? Was habe ich davon, wenn ich weiß, dass *areeiro* auf deutsch «Lammzunge» heißt oder *besugo* «Graubarsch» oder *cantarilho* «Blaumaul» oder *faneca* «Franzosendorsch» oder *ferreira* «Marmorbrasse» oder *goraz* «nordische Meerbrasse» oder *imperador* «Schleimkopf» oder *margota* «Lippfisch» oder *taínha* «Meeräsche» oder oder oder ...? Das gilt natürlich auch im umgekehrten Fall, wenn man in einem portugiesischen Restaurant in Hamburg eine in Portugal nicht bekannte Fischsorte angeboten bekommt, wie z.B. den Rotbarsch. Wie hilft sich der Wirt bei der Erstellung der portugiesischen Speisekarte? Er nennt ihn – wohl wegen seiner roten Haut – kurzerhand *comunista* «Kommunist».

Anstatt sich also mit einer deutschen Übersetzung für eine Fischsorte zu befrachten, die man aus heimischen Gewässern eh nicht kennt, wäre es viel sinnvoller, sich an das Original heranzumachen und sich den portugiesischen Namen dazu geben zu lassen. Das geht am einfachsten, wenn Sie morgens mal zu einer *lota* (Fischauktion) pilgern oder sich das reichhaltige Angebot mancher Markthallen (z.B. in Lagos) zeigen und erklären lassen. Aber erschrecken Sie nicht vor dem fürchterlichen Aussehen mancher Fische! Der Seeteufel (portugiesisch *tamboril*, im Volksmund wegen seines großen Mauls auch *rã do mar*, «Meeresfrosch» oder *peixe sapo*, «Krötenfisch» genannt) ist zwar abgrundhässlich, hat dafür aber besonders feines Fleisch.

Erstaunlich ist auch festzustellen, wie gut sich die Portugiesen mit ihren vielen heimischen Fischsorten auskennen. Während der Durchschnittsportugiese – laut Auskunft des Lehrbuchautors Manuel Mendes Silva – nicht mehr als vier Tiersorten (abgesehen von Haustieren, natürlich) benennen kann (der Rest sind alles *bichos*) und noch weniger Baumsorten (die sind, je nach Größe, alle *árvores* oder *arbustos*), weiß er für die vor der portugiesischen Küste gefangenen Fischarten die spezifische Bezeichnung auf Anhieb.

Der Fisch, der im Bewusstsein eines Volkes solch eine bedeutende Rolle spielt, hat natürlich auch sprachlich starke Spuren hinterlassen. Von den vielen idiomatischen Redewendungen und Sprichwörtern seien hier nur die wichtigsten aufgeführt. So sagt man von jemandem, der eine Situation für sich ausschlachtet, z.B. durch Herausschinden von Zeit, *ele faz render o peixe*, d.h. er holt aus seinem Fisch viel heraus. Oder wenn jemand versucht, seine Sachen an den Mann zu bringen, *ele tenta vender o seu peixe* («er versucht seinen Fisch zu verkaufen»). Eine Anspielung auf Portugals bekanntesten Heiligen, den Santo António, der ja zu den Fischen(!) predigte, ist der Ausspruch *pregar aos peixes*, was allerdings das Gegenteil wie in der Sage bewirkt: d. h. keiner hört zu.

Dazu ein paar Sprichwörter aus dem Reich der Fische: *Filho de peixe sabe nadar* (wörtlich «Fischkind kann schwimmen», weniger maritim: «Der Apfel fällt nicht weit vom Stamm»). Oder: *Peixe velho é entendedor de anzóis* (etwa: «Ein alter Fisch kennt sich mit den Angelhaken aus», d.h. lässt sich nicht so leicht hereinlegen). Oder: *Os peixes não vêem a água* («Die Fische sehen das Wasser nicht», d.h. Betriebsblindheit auf portugiesisch). Oder: *Os peixes são para nadar e as toupeiras para minar* (wörtlich: «Die Fische sind zum Schwimmen da und die Maulwürfe zum Wühlen»). Oder: *Pela boca morre o peixe e a lebre ao dente* (eine Art Warnung vor zu großer Gier, denn: «Der Fisch stirbt durch das Maul und der Hase durch den Zahn»). Und schließlich noch ein kulinarisches Sprichwort: *O peixe deve nadar três vezes: em água, em molho e em vinho* («Der Fisch muss dreimal schwimmen: im Wasser, in der Soße und im Wein»).

Ein Fisch muss in diesem Zusammenhang besonders hervorgehoben werden, der Kabeljau (*o bacalhau*). Er hat für die Portugiesen eine fast mythische Bedeutung. Er ist der *fiel amigo*, der «treue Freund», der immer da ist (Anspielung auf die Haltbarmachung durch Salzen und Trocknen), es sei denn, es gibt mal einen Versorgungsengpass. Dann muss sich der *bacalhau* gefallen lassen, als *infiel amigo* geschmäht zu werden. Es gibt in Portugal regelrechte *Associações dos Amigos do Bacalhau*, wo Vorträge gehalten werden und eines der vielen *bacalhau*-Rezepte ausprobiert wird (es soll angeblich so viele geben wie Tage im Jahr!).

Der portugiesische Kabeljaufang hat eine lange Geschichte, die sich mit der der portugiesischen Entdecker durchaus messen kann. Schon Mitte des 14. Jahrhunderts durften Lissabonner und Portuenser Fischer vor der englischen Küste tätig sein (Vertrag der englischen Krone mit D. Pedro I) und bereits im 15. Jahrhundert verfolgten die portugiesischen Kabeljaufänger die Fischschwärme bis vor die nordamerikanische Küste. João Lavrador, welcher der kanadischen Halbinsel Labrador den Namen gegeben hat, soll bereits 1492, also in dem Jahr, das als offizielles Entdeckungsdatum Amerikas gilt (Kolumbus vor den Antillen) amerikanisches Festland betreten haben. Einige Jahre später tauchten die Brüder Corte Real hier auf, wovon der *Dighton Rock* südlich von Boston (1511) Zeugnis ablegt. Auf den nach ihren Angaben angefertigten Karten trug das Gebiet von Neufundland die Bezeichnung *Terra dos Bacalhaus.* Mehr zur Geschichte des Kabeljaufangs und den mutigen Dóri-Fischern in meinem Artikel *Em águas de bacalhau. Portugals «treuem Freund» auf der Spur* in der *Portugal-Post 54* (nachzulesen in der oben angegeben PHG-Homepage). Die *águas de bacalhau* sind sprichwörtlich geworden für ein gescheitertes Unternehmen.

43. Portugals Farben

Einige Leser werden sich fragen: Hat Portugal etwa seine eigenen Farben? Haben denn nicht alle Nationen, alle Völker dieser Erde denselben Begriff von Farben, mit denen wir unsere Welt erfassen? In der Tat nehmen bestimmte Farben in bestimmten Gesellschaften eine besondere Bedeutung an, die keine Entsprechung in anderen haben. In Portugal sind dies natürlich Rot und Grün, seit der Gründung der Republik (1910) die Farben der Nationalflagge, welche das Blau-Weiß der Monarchie (und heute die Farben des FC Porto!) ersetzen.

Verde bezeichnet nicht nur die Farbe **Grün**, sondern alles, was jung ist (*anos verdes* = «Jugend»), was frisch ist, was nicht oder erst vor kurzem behandelt oder gesalzen wurde *(carne verde, presunto verde, bacalhau verde)*. Bei Früchten bezeichnet es die Unreife (Gegensatz: *maduro*). So ist der *vinho verde* nicht von grüner Farbe, sondern ist ein leichter, spritziger Wein, der weiß oder rot *(branco ou tinto)* sein kann. Und wenn, wie in der Fabel von La Fontaine, die unerreichbar hohen Trauben angeblich zu sauer sind, sagt man auch im Portugiesischen *«Há, mas são verdes!»* («Es gibt welche, aber sie sind unreif!»). Wenn jemand «den Fuß auf einen grünen, d.h. jungen und zarten Zweig stellt» (*põe o pé em ramo verde*), dann wagt er sich in unsicheres oder unbekanntes Terrain vor. Zwei Begriffe neuerer Prägung sind die «grüne Quittung» (*recibo verde)*, gegen die jemand ein Honorar erhält, der in keinem festen Arbeitsverhältnis steht, und die *via verde* signalisiert «freie Spur» für die Autobahnbenutzer, die an der Windschutzscheibe einen Sensor haben, über den die Maut direkt vom Bankkonto abgebucht wird.

Bei der Farbe **Rot** kommt auf den Portugiesischlernenden das zusätzliche Problem zu, dass es dafür (mindestens) zwei Ausdrücke gibt: Neben *vermelho* gibt es noch *encarnado*. Nach dem Unterschied befragt, erhält man zumeist die Auskunft: Die *vermelhos* sind die Kommunisten und die *encarnados* sind die Fans des Fußballvereins Benfica. Die klugen Bücher geben für die beiden Farben fast gleichlautende Definitionen: Die Farbe des Blutes oder rohen Fleisches *(encarnado)* ist in der Tat von *carne*, «Fleisch» abgeleitet, während *vermelho* von lat. *verniculus* stammt, einem kleinen Wurm, aus dem die alten Römer bereits das Karminrot gewannen. Nach meiner eigenen Erfahrung scheint *encarnado* ein etwas dunkleres Rot als *vermelho* zu bezeichnen. Daneben gibt es all die anderen Rottöne vom zarten *cor-de-rosa* oder *rosado* («Rosa»), *cor-de-laranja* («orangefarben»), über *carmin/carmesim* («Karminrot») und *rubro* («glutrot», auch Ausdruck für den Gipfel der Begeisterung) bis zu *roxo* («Violett», auch Bezeichnung für eine bestimmte Kartoffel- und Kohlsorte und umgangssprachlich für *vinho tinto* («Rotwein»).

Sprachlich spielt *vermelho* die größte Rolle. In allen international geläufigen Ausdrücken mit «Rot» kommt es zum Einsatz: *cruz vermelha* («Rotes Kreuz»), *cartão vermelho* («rote Karte»), *lanterna vermelha* («rote Laterne», d. h. letzter Platz des Klassements), *planeta vermelho* («roter Planet», d. h. Mars), *sinal vermelho* («rote Ampel»), *exército vermelho* («Rote Armee») etc. Typisch portugiesisch scheinen die *naipes vermelhos* (Herz und Karo des Kartenspiels) im Gegensatz zu den *naipes pretos* (Pik und Kreuz) zu sein, ebenso wie die *cortiça vermelha*, der «rote Kork» (hat besonders viel Ton in den Poren).

Die dritte Farbe der Nationalflagge, das **Gelb**, ist durch die in ihrer Mitte abgebildete Armilarsphäre vorgegeben. Sie stellt einen Himmelsglobus aus Gelbguss dar, d. h. aus «gelbem Messing», *latão amarelo* (Kupfergehalt zwischen 63% und 66%) und nicht aus rotem Messing (85% Kupfer) – womit es sich wenig von der roten Flaggenhälfte abgehoben hätte. Das Gelb scheint trotz seiner Präsenz in der Nationalflagge im Kollektivbewusstsein der Portugiesen keine große Rolle zu spielen, ganz im Gegensatz zu den Brasilianern, die nicht nur zu Zeiten der Fußballweltmeisterschaft in einem Meer von Gelb und Grün versinken und zu einer Nation von *canarinhos* werden (Verkleinerungsform von *canário*, dem gelbsten aller Vögel). Doch auch in Portugal gibt es *canarinhos*. Das sind die Anhänger von *Estoril Praia*, einer Fußball-Mannschaft, die ständig zwischen 1. und 2. Liga auf- bzw. absteigt. Es gibt im Portugiesischen eine Reihe von Ausdrücken mit *amarelo*, die aufgrund der Globalisierung der Kommunikationsmittel auch in anderen Sprachen geläufig sind, wie *cartão amarelo* («gelbe Karte»), *páginas amarelas* («gelbe Seiten») und – auf die Völker Asiens gemünzt – *perigo amarelo* («gelbe Gefahr»). Schon sehr viel spezifischer portugiesisch dürfte der *riso amarelo* («gelbes Lachen/Lächeln») sein, der ein gequältes oder künstliches Lachen/Lächeln bezeichnet. Und wenn jemand «gelb wird», dann sieht er krank oder mitgenommen aus (z.B. «gelb vor Schreck werden»). Im Slang ist ein *amarelo* ein Streikbrecher.

Auch das **Blau** *(azul)* müsste aufgrund seiner (fast) ständigen Präsenz am portugiesischen Himmel sprachlich eigentlich eine größere Rolle spielen. Doch es gibt neben den international gebräuchlichen Wendungen wie *sangue azul* («blaues Blut») und *planeta azul* («blauer Planet», d. h. die Erde) lediglich den *correio azul*, der die Post angeblich schneller befördert, neuerdings auch die «blaue Nummer» *(número azul)*, eine kostenlose *Hotline* oder Bürgertelefon und den «blauen Beutel» *(saco azul)*, den inoffiziellen Finanztopf eines Unternehmens. Umgangssprachlich heißt *azul* so viel wie «rat- oder hilflos» oder – wie im Deutschen – «betrunken», wohingegen es im brasilianischen Portugiesisch positiv besetzt ist («alles ok»).

Umso reicher ist die Ausbeute bei den «Unfarben» **Weiß** und **Schwarz**. So bezeichnet ein *elefante branco* («weißer Elefant») eine Sache oder ein Projekt, das viel Geld verschlingt, aber dessen Nutzen oder Rendite den Aufwand nicht rechtfertigen, ein *cavalo branco* («weißes Pferd») einen Mäzen von Theaterproduktionen. Eine *arma branca* («weiße Waffe») besitzt eine Klinge (im Gegensatz zur Feuerwaffe), einer «weißen Ehe» *(casamento branco)* bleibt die sexuelle Erfüllung versagt und die Überlebende einer solchen Ehe nennt sich *viuva branca* («weiße Witwe»). Die «weiße Sklaverei» *(escravatura branca)* steht für den Frauenhandel zum Zwecke der Prostitution, die «weiße Brücke» (*ponte branca*) bezeichnet ein Provisorium, zumeist aus Holz und die «weißen Klosterbrüder» (*frades brancos*) sind die Zisterzienser. Kurios auch die Bezeichnung für eine Zigarette: *soldados de calça branca* («Soldaten in weißen Hosen»). Ähnlich wie im Französischen *(«carte blanche»)* besitzt jemand, der *carta branca* (weißen d. h. leeren Brief) hat, volle Handlungsfreiheit. Wer *em branco* wählt, gibt einen ungültigen Stimmzettel ab, und wer die Nacht *em branco* verbringt, findet keinen Schlaf.

Für **Schwarz** gibt es – ähnlich wie für Rot – gleich zwei Bezeichnungen: *preto* und *negro*. Die geläufigere ist sicher *preto* in Ausdrücken wie *café / chá preto*, *cerveja preta* etc. Während die Blackbox eines Flugzeugs *caixa negra* oder *caixa preta* heißen kann, ist der Pfeffer *(pimenta)*, das Schießpulver *(pólvora)* und das «schwarze Gold», d.h. das Erdöl *(ouro negro)* immer *negro/a*. *Negro* hat häufig eine negative Nebenbedeutung im Sinne von «traurig», «finster», «zweifelhaft», «schädlich», «bedrohlich» in Ausdrücken wie *morte/peste negra* («schwarze Pest»), *livro negro*

(«Schwarzbuch»), *mercado negro* («Schwarzmarkt»), *humor negro* («schwarzer Humor»), *nódoa negra* («blauer Fleck», d. h. Hämatom). Ein «schwarzes Leben» *(vida negra)* ist ein hartes Leben voller Entbehrungen, ein «schwarzer Frost» (*geada negra*) vernichtet junge Pflanzen und eine *maré negra* («schwarze Flut», nicht zu verwechseln mit dem *Mar Negro*, dem Schwarzen Meer) ist ein Ölteppich auf dem Meer. Und wenn jemand mit einem schwarzen Fingernagel *(por uma unha negra)* davongekommen ist, dann war es ganz knapp. Abschließend noch ein Tipp für den Portugiesischlernenden: Wenn Sie vom «schwarzen Kontinent» sprechen, ist *negro* die politisch korrekte Wahl, auch wenn es gegen unser Sprachgefühl geht, wonach «Neger» als *politically incorrect* angesehen wird. Umgekehrt in Portugal von Schwarzafrikanern nie von *pretos* sprechen, das weckt böse koloniale Erinnerungen, sondern stets von *negros*.

44. Portugal – das Land der Verlierer?

Da hat doch kürzlich jemand allen Ernstes den bekannten süddeutschen Kuchen «Googlehupf» geschrieben! Wie man sieht: Das Englische ist mächtig auf dem Vormarsch! Eine ähnliche anglizistische Verballhornung liegt vor, wenn man das portugiesische Adjektiv *luso* bzw. *lusa* mit englisch *loser* in Verbindung bringt: *a nação lusa* – das Land der Verlierer? Nein, wohl eher ein schlechter Scherz. Doch woher kommt dieser Begriff, auf den man in Portugal auf Schritt und Tritt trifft?

Nun, er geht – wie könnte es anders sein? – auf die alten Römer zurück. Als sie ab ca. 210 v. Chr. begannen, die iberische Halbinsel zu «befrieden», d.h. zu erobern, nannten sie die im heutigen Portugal ansässigen Stämme *lusitanii*, die Lusitanier, in Abgrenzung zu den auf der restlichen Halbinsel ansässigen *hispanii*. Die *lusitanii* waren schon damals ein aufmüpfiges Volk, von keinerlei Verlierermentalität geprägt. Ihr Anführer Viriatus, das portugiesische Pendant zum gallischen Vercingétorix, leistete den Römern erbitterten Widerstand, wofür ihm die Portugiesen der Neuzeit auf dem Triumphbogen am Ende der Rua Augusta in der Lissabonner Baixa ein Denkmal gesetzt haben.

Os lusitanos, die Lusitanier, ist heute nicht nur eine liebevolle bis ironische Bezeichnung für die Bewohner Portugals, sondern auch für verschiedenste Dinge, von der bekannten Pferderasse bis hin zu Volkstanzgruppen (*ranchos folclóricos*) u.ä. Die Lusitanisten (*lusitanistas*) beschäftigen sich mit portugiesischer Sprache und Kultur. *Lusófilo* (lusophil) ist, wer die Portugiesen mag, *lusófobo* (lusophob), wer sie nicht ausstehen kann. Die Lusophonie *(lusofonia)* ist die Portugiesischsprachigkeit. Die 8 lusophonen, d. h. portugiesischsprachigen Länder in 4 Kontinenten (Portugal, Brasilien, Angola, Mosambik, Kap Verde, São Tomé und Príncipe, Guinea Bissau, Ost-Timor) haben sich 1996 zur CPLP *(Comunidade dos Países de Língua Portuguesa)* zusammengeschlossen und stellen mit über 240 Millionen Einwohnern die achtgrößte Sprachgemeinschaft der Welt dar. Schließlich hat Portugals Nationaldichter Luís Camões sein Epos, in dem er die Entdeckungsfahrten Vasco da Gamas preist, *Os Lusíadas*, die «Lusiaden» genannt.

Statt *lusitano* benutzt man gerne das knappere und damit griffigere Wort *luso*, das ebenso wie *lusitano* sowohl Substantiv als auch Adjektiv ist. D. h. es hat auch die Pluralform *(lusos)* und die weibliche Form *(lusa, lusas)*. Wegen seiner Kürze eignet es sich besonders für Zusammensetzungen, in denen es aber unveränderlich *luso* heißt, z. B. *os luso-descendentes* (Menschen portugiesischer Abstammung), *as relações luso-brasileiras* (die brasilianisch-portugiesischen Beziehungen), die *Câmara de Indústria e Comércio Luso-Alemã*, die Deutsch-Portugiesische Industrie- und Handelskammer (hat ihren Sitz an der Avenida da Liberdade in Lissabon).

Nach dieser sprachlichen Klärung des Begriffs *luso* ein kurzer Blick auf die angebliche Loser-Mentalität der Portugiesen. Sie wird zumeist mit der immer wieder gern zitierten *saudade* in Verbindung gebracht, die ihren schönsten Ausdruck im *fado triste* findet. Es ist die portugiesische Form des Weltschmerzes, d. h. des Leidens an dem Hier und Jetzt, und der ungestillten Sehnsucht nach besseren Zeiten, ferneren Welten oder einfach nach der/m fernen Geliebten. Auch trifft man in Portugal immer mal wieder auf eine resignierende Stimmung, in der Unglücksfälle oder auch persönliches Versagen gerne mit dem Wirken höherer Mächte entschuldigt werden (*Foi a vontade de Deus* – «Es war der Wille Gottes»), eine Haltung, die häufig mit dem Fatalismus der arabischen Vorfahren erklärt wird.

Doch so schnell geben Portugiesen (sich) nicht auf. Die Selbstmordrate ist extrem niedrig: 2002 waren es laut WHO 11 Fälle auf 100.000 Einwohner. In Dänemark, das laut Umfragen europaweit die meisten glücklichen Menschen hat, waren es immerhin 13,6 und in Deutschland 12,3 Suizide. Darüber, wieweit die Krise der letzten Jahre diese Zahlen verändert haben, liegen uns keine statistischen Angaben vor. Beeindruckend ist jedoch die Gelassenheit, mit der viele Portugiesen die damit für ihr persönliches Leben verbundenen Einschränkungen hinnehmen. Sie sind trotz der ihnen nachgesagten *saudade* kein Volk von Traurigkeit. Die Franzosen sprechen sogar von den *Portugais toujours gais*, den «immer fröhlichen Portugiesen». Erfolge auf den verschiedensten Gebieten (Sport, Kultur, Technologie, Wirtschaft, Diplomatie etc.) haben das nachrevolutionäre Portugal zu einem Land gemacht, das munter im europäischen Konzert mitmischt. Die *nação lusa* eine Loser-Nation? *Uma ova!* – Von wegen!

45. Auf der Suche nach der portugiesischen Seele Die *alma portuguesa* im Spiegel portugiesischer Begriffe und Redensarten

Der Hamburger Fotograf Hans-Jürgen Odrowski ist ein großer Portugalfreund. So nennt er seine Ausstellungen mit Portugal-Fotos auch gerne «Portugal – Land mit Seele». Und Recht hat er! Alle, die diesem Land und seinen (gast)freundlichen Bewohnern näher stehen, werden Portugal dieses Attribut kaum streitig machen wollen.

Doch was zeichnet die portugiesische Seele aus? Statt uns in völkerpsychologischen Gemeinplätzen aus nordeuropäischer Sicht zu ergehen, nach dem Motto «die Portugiesen sind…», soll an einigen typischen portugiesischen Wendungen und Redensarten die landeseigene Sicht auf die *alma portuguesa*, die portugiesische Seele, nachvollzogen werden. Und selbst hier muss vor Verallgemeinerungen gewarnt werden. Zu jedem der hier angeführten Merkmale wird der eine oder andere Leser Gegenbeispiele anführen können. Sie sind zudem abhängig von der Altersgruppe, dem sozialen Status und auch der regionalen Herkunft der jeweiligen Person.

Da wäre zuerst die sprichwörtliche höfliche Zurückhaltung der Portugiesen, die ihr Land gerne als *país dos brandos costumes*, als «Land der sanften Sitten», bezeichnen. Das beginnt mit der differenzierten Form der Anrede (dazu Kap. 24), geht über die liebevolle Art der Begrüßung und Verabschiedung (*beijinhos*, Küsschen für die Damen und *abraços*, Umarmungen, für die Männer) bis hin zur Aufforderung *É servido?* («Dürfen wir Ihnen etwas anbieten?»), wenn man auf Portugiesen beim Essen stößt. Diese Aufforderung darf man auf keinen Fall ernst nehmen. Es ist eine reine Höflichkeitsfloskel, auf die man genauso höflich mit *Não obrigado, bom apetite* («Nein, vielen Dank. Guten Appetit») antworten sollte.

Auch kann es einem passieren, dass jemand, der hinter einem in der Metro steht und aussteigen möchte, sich mit *com licença* (wörtlich «mit Lizenz/Genehmigung», d.h. «gestatten Sie») bemerkbar macht. Ähnlich zivilisiert geht es an den Bushaltestellen zu, wo man sich brav in die Schlange stellt (*fazer bicha* bzw. *pôr-se na bicha*).

Portugal ist aber nicht nur ein Land der guten Sitten, es versteht sich auch als *país da convivência* («Land der Geselligkeit»). Dieses *conviver*, das freundschaftliche Zusammensein, ist ein hohes Gut. Das gilt nicht nur für den Familienkreis, der sehr weit gesteckt ist, denn irgendwie sind Portugiesen alle miteinander verwandt, alle sind – wie einem augenzwinkernd bestätigt wird -*primos* (Cousins und Cousinen). Dann gibt es noch die *malta*, die zumeist männliche Freundesgruppe. Und sowie man nur einen Freund in Portugal hat, ist man ganz schnell flächendeckend befreundet, nach dem Motto *Amigo do meu amigo meu amigo é* («Der Freund meines Freundes ist mein Freund»).

Dieses freundschaftliche Zusammensein ist zumeist mit dem Kulinarischen verbunden. Die sprichwörtliche portugiesische Gastfreundschaft (*hospitalidade*) feiert in den so genannten *jantares de confraternização* («Verbrüderungsessen») wahre Triumphe. Und selbst wenn der eine oder andere Freund unangemeldet dazustößt, lässt der Gastgeber sich nicht aus der Ruhe bringen, denn: *Onde há para dois, há para três* («Wo es für zwei reicht, reicht es für drei»).

Die portugiesische Seele hat aber durchaus auch ihre Schattenseiten, die von Portugiesen auch als solche gesehen werden und sprachlich ihren Niederschlag finden. Da wäre zuerst die Scheu, sich festzulegen, präzise Angaben zu machen (dazu im Kap. 25 *Mais ou menos*). Das gilt besonders bei Zeitangaben. Berühmt-berüchtigt ist der *minuto português*, der sich nicht mit schnöden 60 Sekunden zufrieden gibt. Wenn jemand in Portugal um «nur eine Minute» Geduld bittet *(só um minuto)*, wobei er die beiden gestreckten Zeigefinger T-förmig aufeinander stellt, sollte man sich auf längere Wartezeiten einstellen und sich mit der sprichwörtlichen *santa paciência* («heilige Geduld») wappnen. Der portugiesische Ausruf *Paciência!* hat schon fast fatalistische Konnotationen im Sinne von «Da kann man nichts machen» oder «Was soll's?».

Auch würde man in Portugal nie jemanden «pünktlich um 20 Uhr» *(às vinte horas em ponto)* einladen, sondern immer mit dem abschwächenden *pelas* dabei, einer Kontraktion der Präposition *por* mit dem Artikel *as*. Und um die Sache noch unverbindlicher zu machen, wird gerne noch die verallgemeinernde Partikel *lá* hinzugefügt: *lá pelas 20 horas* («so gegen zwanzig Uhr»). Man «gibt der Zeit Zeit» *(dar tempo ao tempo)*, man lässt die Dinge laufen *(deixar correr o marfim)*, was dann häufig zu dem allgemein beklagten *desleixo* («Schlendrian») führt. Er zwingt dazu, die Dinge *em cima do joelho* zu erledigen, d. h. «übers Knie zu brechen», was jedoch zu überraschend positiven Ergebnissen führen kann. Dies ist der berühmte *desenrascanço*, die geniale Fähigkeit, sich aus einer *rasca* («Klemme») zu befreien, eine Eigenschaft, um die alle Welt die Portugiesen beneidet. So steht in der auf der amerikanischen Webseite *cracked.com* aufgeführten Liste der zehn ausländischen Begriffe, die in der englischen Sprache fehlen, *desenrascanço* gleich an erster Stelle.

Als wenig positiv wird von Portugiesen ihre Provinzialität *(bairrismo)* empfunden. Es ist Ausdruck der Enge eines kleinen Landes mit den europaweit ältesten Staatsgrenzen, in dem autoritäre Strukturen (Adel, Monarchie, Inquisition und Salazardiktatur) wenig Raum für die Entwicklung eines selbstbewussten Bürgertums gelassen haben. Die Folge sind Klatsch und üble Nachrede (*Comer bem e dizer mal é a manha de Portugal* – «Gut essen und schlecht reden ist die Unsitte Portugals»), Neid (*A galinha da minha vizinha é mais gorda que a minha* – «Die Henne meiner Nachbarin ist fetter als meine») und wenig Vertrauen in die eigenen Fähigkeiten (*Santos da casa não fazem milagres* – «Einheimische Heilige vollbringen keine Wunder»). Daraus resultiert ein mit Minderwertigkeitskomplexen beladenes Schielen auf die großen Vorbilder. Man macht etwas auf die tolle französische Art *(à grande e à francesa)* oder zumindest so, dass man es dem Engländer präsentieren kann *(para inglês ver)* (siehe Kap. 27).

Der mit der portugiesischen Seele am häufigsten in Zusammenhang gebrachte Begriff ist die viel zitierte *saudade*. Sie ist gängige Münze vor allem in den deutschen Medien, die damit eine flächendeckende Melancholie der Portugiesen suggerieren. Dies geht nicht nur an der Wirklichkeit vorbei, sondern auch an der philosophisch-geistesgeschichtlichen Bedeutung des Begriffs (mehr dazu in meinem Artikel *Saudade und kein Ende* in der *Portugal-Post* 28 und 29, nachzulesen im Archiv der PHG-Homepage). Weniger philosophisch befrachtet sind die *saudades*. Sie bezeichnen die Sehnsucht, das Heimweh, das man nach etwas oder jemandem hat *(ter saudades de)*, das man aber durch ein Wiedersehen wieder stillen, wörtlich «töten» kann *(matar saudades)*.

46. Spaß an *trava-línguas*

Auch wenn die Annäherungen an die «spröde Schöne» häufig recht mühsam sind, soll der Spaß an und mit der portugiesischen Sprache nicht zu kurz kommen. Er stellt sich vor allem bei Sprüchen ein, die mit der Bedeutung oder dem Klang der Sprache spielen. Ein schönes Beispiel ist der Spruch vom Brei mampfenden Papst: *O Papa papa papa*. Das Wortspiel (port. *trocadilho*) liegt in der Mehrfachbedeutung des Substantivs *papa* (*o Papa* – «der Papst» und *a papa* – «der Brei»), das durch die Verbform *papa* (3. Person Singular Präsens: «er isst, mampft») noch getoppt wird. Ein ähnliches Wortspiel liegt in dem Spruch mit *tinha* vor (*tinha* – «er, sie, es hatte» vom Verb *ter* («haben») und *a tinha* – «die Krätze»):

Uma velha tinha tinha	«Eine Alte hatte Krätze
Na cabeça a tinha.	Am Kopf hatte sie die.
Quanto mais coçava a tinha,	Je mehr sie die Krätze kratzte,
Mais a velha tinha tinha.	Umso mehr Krätze hatte sie.»

Doch kehren wir zum Papst zurück, in diesem Falle zum Papst Paul. Dieser gibt sich nicht mit Brei zufrieden: Es muss schon eine Ente *(pato)* sein, die zudem auf einem silbernen Teller *(prato de prata)* serviert wird: *O Papa Paulo papa pato no prato de prata, no prato de prata o Papa Paulo papa pato.*

Hier geht es über das Wortspiel hinaus um die Wiederholung desselben Lautes am Anfang der Wörter, die so genannte Alliteration (*aliteração*). Durch die Wiederholung bei gleichzeitiger Umstellung der Satzteile soll zudem unsere Konzentration und Zungenfertigkeit herausgefordert werden. Es ist ein *trava-língua*, wörtlich «Zungenbremser», im Englischen ein «Zungenverdreher» *(tongue twister)* und im Deutschen gar ein «Zungenbrecher».

Also, versuchen Sie mal, den Spruch vom Papst Paul möglichst schnell über die Zunge zu bringen. Sie wurde weder gebremst noch verdreht noch gebrochen? Dann versuchen Sie sich an dem wohl bekanntesten portugiesischen Zungenbrecher: *O rato roeu a rolha da garrafa do rei da Rússia, e o rei da Rússia, irritado, roeu a barriga do rato* («Die Maus nagte an dem Korken der Flasche des Königs von Russland, und der König von Russland nagte erzürnt an dem Bauch der Maus»). Ein wunderbarer Spruch, um das portugiesische R zu üben!

Noch zungenbrecherischer wird es, wenn das R in Verbindung mit einem zweiten Konsonanten auftritt wie z. B. dem T oder P. Dazu gibt es den Spruch von den drei traurigen Tigern: *Três tigres tristes para três pratos de trigo. Três pratos de trigo para três tigres tristes* («Drei traurige Tiger für drei Teller Weizen. Drei Teller Weizen für drei traurige Tiger»). Die drei traurigen Tiger sind in Portugal so populär, dass sich eine weibliche Band in den 90er Jahren nach ihnen benannt hat.

Sie möchten andere Laute trainieren? Hier ein Spruch für den Sch-Laut (aufpassen: Das X wird hier wie «sch» gesprochen!): *A Xuxa acha a Sacha chata e a Sacha acha a Xuxa chata* («Xuxa findet Sascha bescheuert und Sascha findet Xuxa bescheuert»). Oder den P-Laut: *Paulo Pereira Pinto Peixoto, pobre pintor português, pinta perfeitamente portas, paredes e pias, por pouco preço, patrão* (»Paulo Pereira Pinto Peixoto, armer portugiesischer Maler, malt Türen, Wände und Waschbecken/Tröge zu niedrigem Preis, Chef»). Oder den K-Laut: *Como pouco coco como, pouco coco compro* («Da ich wenig Kokos esse, kauf ich wenig Kokos»). Sie können mit einem Zungenbrecher sogar nachweisen, dass Portugiesisch eigentlich eine skandinavische Sprache ist: *Se cá nevasse, fazia-se cá esqui* («Wenn es hier schneite, würde man hier Ski fahren»). Dazu müssen Sie – wie landesweit üblich – das «e» von den beiden *se* verschlucken und das *esqui* wie [ski:] aussprechen.

Dass auch große Dichter Spaß an Wortspielen, Alliteration und Zungenbrechern haben, zeigt der Beginn eines Gedichtes von Fernando Pessoa:

Em horas inda louras, lindas
Clorindas e Belindas, brandas,
Brincam no tempo das berlindas
As vindas vendo das varandas,
De onde ouvem vir a rir as vindas
Fitam a fio as frias bandas

In den noch gelblich-fahlen Stunden
Spielen schöne Clorindas und Belindas
Sanft zur Zeit der Kutschen.
Die Ankommenden, von den Balkonen schauend,
Von wo sie die Ankommenden lachend kommen hören,
Blicken unentwegt auf die kalten Ufer.

Soweit mein bescheidener Versuch einer wörtlichen Übersetzung. Für eine angemessene Übersetzung ins Deutsche wären die Künste eines Profis wie die der Berliner Pessoa-Übersetzerin Inés Koebel vonnöten, der wir für die Übermittlung des korrekten Pessoa-Textes danken.

47. *Burro velho …* Sprichwörtliches Portugiesischlernen

Als ich 1976 an die Deutsche Schule Lissabon vermittelt wurde, geschah dies mit der Auflage, mich um den Erwerb der Landessprache zu kümmern. Für mich war es jedoch eher eine willkommene Gelegenheit, neben den von mir studierten und unterrichteten Sprachen (Englisch, Französisch und Italienisch) eine weitere Sprache, und dazu noch eine Weltsprache zu erlernen. Doch meine Begeisterung für die neue Sprache erhielt einen frühen Dämpfer. Als ich nämlich unserer Zugehfrau Francisca in meinem damals noch rudimentären Portugiesisch zu verstehen gab, dass ich entschlossen war, die Lissabonner Dienstjahre zu einem möglichst perfekten Erwerb des neuen Idioms zu nutzen, lächelte sie etwas schelmisch und reagierte wie es viele Portugiesen gerne in solchen Situationen tun, mit einem Sprichwort: *Burro velho não aprende línguas*, wörtlich «Ein alter Esel lernt keine Sprachen» (im Deutschen würden wir sagen «Was Hänschen nicht lernt, lernt Hans nimmermehr»).

So sehr mich Franciscas Spruch traf, so sehr musste ich ihr Recht geben, selbst wenn ich mich mit 38 Jahren noch nicht als *burro velho* fühlte. Die Lernpsychologen predigen seit langem, man könne mit dem Erwerb einer Fremdsprache nicht früh genug beginnen. Ab drei Jahren verschlechtern sich die Chancen für das kindliche Ohr rapide, fremde Laute aufzunehmen und sie nachzubilden. Selbst wenn es also für eine perfekte Aussprache schon zu spät war, so blieb mir dennoch ein reiches Betätigungsfeld, vom Erwerb des portugiesischen Wortschatzes, dem zweitumfangreichsten nach dem Englischen, über die schwierige Grammatik (man denke nur an den Konjunktiv!) bis zu den unzähligen idiomatischen Wendungen und Metaphern … und den Sprichwörtern. Die Sprichwörter spielen im Portugiesischen eine sehr wichtige Rolle. Sie stellen die *sabedoria do povo* dar, die «Weisheit des Volkes», selbst wenn es sich – laut dem englischen Schriftsteller George Meredith (1828–1909) – nur um eine «Weisheit in kleiner Münze» handelt.

Portugiesen, vor allem die älteren Jahrgänge, lieben es, bei passender Gelegenheit eines der unzähligen Sprichwörter anzubringen. Dabei begnügen sie sich zumeist damit, nur die erste Hälfte zu zitieren, weil sie davon ausgehen können, dass ihr Gesprächspartner das Sprichwort kennt und sich die zweite Hälfte denkt. Auf diesem Prinzip beruht auch der *Spaß mit Sprichwörtern*, der seit März 2003 in der Zeitschrift ESA *(Entdecken Sie Algarve)* erscheint. Es sind Hunderte von Sprichwörtern, die ich im Laufe der Jahrzehnte aufgepickt und ganz altmodisch in einem Zettelkasten in alphabetischer Reihenfolge gesammelt habe. Ein dankbares Unterrichtsmaterial: Man nimmt durch sie spielerisch bestimmte grammatische Strukturen indirekt auf, hat seinen Spaß an Verballhornungen (siehe ESA Nov. 2010) oder sucht eifrig, wenn auch häufig vergeblich, nach einem deutschen Pendant.

Ein portugiesisches Sprichwort und sein deutsches – pardon, schwäbisches – Pendant standen dann auch im Mittelpunkt meiner Rede, mit der ich mich 1983 von den deutschen und portugiesischen Kollegen in Lissabon verabschiedete: *Foi bom, mas acabou – Schee wars, abrr aus isch.* Abgesehen von der darin ausgedrückten Begeisterung für unser Gastland und seine Bewohner war diese wortwörtliche Übereinstimmung der Sprichwörter mir willkommener Anlass, mich über die immer wieder konstatierten engen Beziehungen zwischen Schwaben und Portugiesen auszulassen.

Als ich nach weiteren 13 Lehrjahren (jetzt inklusive des Faches Portugiesisch) und interkultureller Tätigkeit in Hamburg von der Stiftung *Casa da Cultura de Língua Portuguesa* für meinen Einsatz bei der Verbreitung der portugiesischen Sprache und Kultur im Ausland ausgezeichnet wurde, brachte wieder ein portugiesisches Sprichwort die Situation auf den Punkt. Bei der Verleihungsfeier in der Alma mater der Universität Porto «tröstete» mich der portugiesische Staatspräsident Jorge Sampaio in seiner Erwiderung auf meine Festrede, in der ich mich über die *manhas e artimanhas*, die «List und Tücken» der portugiesischen Sprache «beklagte» (siehe den nachfolgenden Beitrag) mit dem Sprichwort *Quem corre por gosto não cansa* («Wer aus Vergnügen läuft, ermüdet nicht»). Mit dieser schlagfertigen Replik zeigte Jorge Sampaio nicht nur, dass er in meiner Vita über meine Marathonläufe gelesen hatte, sondern mich in meiner Begeisterung für die portugiesische Sprache trotz meiner «Klage» durchschaut hatte.

Inzwischen ist der alte Esel doppelt so alt. Und lernt immer noch. Unnachahmlich die Prägnanz, mit der ein bekanntes portugiesisches Sprichwort dieses Phänomen lebenslangen Lernens formuliert: *Aprender até morrer.* Wörtlich heißt das «Lernen bis zum Sterben» oder entsprechend einem deutschen Sprichwort: «Man wird alt wie ein Haus und lernt doch nicht aus» bzw. verballhornt «Wirst alt wie 'ne Kuh und lernst immer noch dazu.»

48. List und Tücke der portugiesischen Sprache

Bei dem vorliegenden Artikel handelt es sich um Auszüge aus der Rede, die der Autor am 30. Mai 1996 in der Universität Porto anlässlich der Verleihung des Preises der Stiftung Casa da Cultura de Língua Portuguesa *gehalten hat.*

Als ich 1976 einen Lehrauftrag an der Deutschen Schule Lissabon erhielt, sah ich mich im reifen Alter von 38 Jahren genötigt, eine weitere Sprache zu lernen, nämlich das Portugiesische. Seitdem liefere ich mir einen Kampf mit dem portugiesischen Sprichwort *Burro velho não aprende línguas* («Ein alter Esel lernt keine Sprachen»). Gott sei Dank gibt es ein paar portugiesische Sprichwörter, die mehr Mut machen, z.B. *Quem não trabuca, não manduca* («Wer nicht arbeitet, bekommt nichts zu essen») oder *Quem espera, sempre alcança* («Wer warten kann, schafft's auch»). Doch ein mehr als 20-jähriges Studium dieser *língua traiçoeira*, dieser «verräterischen» Sprache (wie die Portugiesen sie selbst nennen) hat mich dazu gebracht, von der «List und Tücke der portugiesischen Sprache» zu reden. Damit unsere portugiesischen Freunde sich ein besseres Bild von meinen/unseren Problemen machen können, werde ich mich einigen Aspekten des Portugiesischen zuwenden, die sich für den Ausländer als besonders hinderlich erweisen.

Das erste große Problem oder Hindernis, mit dem er sich konfrontiert sieht, ist die **Aussprache**. Es ist die Messlatte, die unerbittlich entscheidet über den Kenntnisstand. Nur etwas daneben – und zack! Man sitzt in der Patsche. In sieben Jahren Portugal ist es mir nicht gelungen, die Portugiesen davon zu überzeugen, dass ich einer der Ihren bin. Das höchste der Gefühle war, dass ich eines Tages gefragt wurde, ob ich Brasilianer sei. Das Ganze ist natürlich eine Frage des Alters. Während unsere kleine Tochter mit Leichtigkeit all diese portugiesischen Laute wie Nasale, Diphthonge, Halbvokale etc. aufschnappte, zwangen sie mich, meinen phonetischen Apparat ständig bis zur Schmerzgrenze zu trainieren. Und in der Tat genügten für die anderen romanischen Sprachen, die ich vorher gelernt hatte, nämlich Französisch und Italienisch, vier oder fünf Regeln. Im Portugiesischen sah ich mich, trotz der vielen Regeln, die ich in- und auswendig gelernt hatte, ständig mit Zweifelsfällen konfrontiert. Zum Beispiel die Wörter, die gleich geschrieben, aber je nach Bedeutung anders ausgesprochen werden. So habe ich noch heute große Probleme, «soco»[o] («Faustschlag») und «soco» [ɔ] («Holzpantine», «Sockel») nicht zu verwechseln. Oder «pega» [e] («Elster», «Nutte») und «pega» [ɛ] («Griff», «Henkel»). Der Gipfel ist aber wohl die Willkür bei der Aussprache der Schreibung «x». Wenn ich richtig gezählt habe, gibt es fünf Möglichkeiten. Manchmal kann dasselbe Wort verschieden ausgesprochen werden. Was ist nun richtig: tóxico [ks] oder tóxico [ʃ]?

Ein anderes Gebiet, auf dem das Portugiesische höchste intellektuelle Anforderungen an den Fremdsprachler stellt, ist die **Grammatik**. Man sagt, dass die deutsche Grammatik die schwerste von allen indo-europäischen Sprachen ist, weil sie Elemente der lateinischen Grammatik, z. B. die Deklination, am meisten bewahrt hat. Aber das ist nichts im Vergleich zum Portugiesischen, das sogar einen «persönlichen Infinitiv» hat. Das stellt eigentlich einen Widerspruch in sich dar, denn ein Infinitiv ist *per definitionem* unpersönlich. Aber da ist er nun mal! Und er ist sogar ganz praktisch, weil man damit den Konjunktiv vermeiden kann. Und wo wir gerade beim Konjunktiv sind, das Portugiesische leistet sich nicht nur den Luxus, einen Konjunktiv der Gegenwart und der Vergangenheit (plus den dazugehörenden zusammengesetzten Zeiten) zu haben. Als würde das nicht genügen, gibt es noch einen Konjunktiv des Futurs. Und im Gegensatz zum Französischen, wo heute nur noch der Konjunktiv der Gegenwart verwendet wird, benutzt der Portugiese im Alltag alle seine Konjunktive – *se Deus quiser!*

Eine andere harte Nuss für den Ausländer ist die so genannte *pronominalização*. Doch wenn man sie erst richtig beherrscht, erinnern uns Formen wie *fa-lo-ia* oder *dar-no-lo-á* durch ihren Wohlklang eher an Gesänge der höheren Alpen, auch «Jodeln» genannt. Aber der Spaß hört auf, wenn ein Substantivobjekt durch ein Pronomen ersetzt werden soll. In dem Satz *li o livro* («Ich las das Buch») heißt es *li-o* («Ich las es»), aber andererseits muss ich sagen *não o li* («Ich habe es nicht gelesen) oder *quando o li* («als ich es gelesen habe») oder *também o li* («Ich habe es auch gelesen»). Wo ist die Logik? Schlimmer noch, wenn das Prädikat aus mehreren Verben besteht. Wie sagt man nun: *o vejo levar* oder *vejo-o levar* oder *vejo levá-lo* («Ich sehe ihn wegbringen»)? Die Portugiesen sind sich selbst nicht einig darin, ob es heißt *pode-se dizer* oder *pode dizer-se* («Man kann sagen»). In diesen kniffligen Fällen möchte man zum Brasilianer werden, der das Pronomen setzt, wohin es ihm gefällt.

Aber das Feld, auf dem die entscheidende Schlacht zur Beherrschung der portugiesischen Sprache ausgetragen wird, ist der **Wortschatz**. Wenn ich richtig informiert bin, ist das Portugiesische nach dem Englischen die reichste Sprache Europas. Das Englische verdankt seinen Reichtum von mehr als 600.000 Wörtern seiner doppelten Herkunft, nämlich der germanischen und der romanischen, was zu einer Reihe von synonymen oder fast-synonymen Ausdrücken geführt hat (z.B. *freedom* und *liberty*). Der Reichtum des portugiesischen Wortschatzes rührt von der Tatsache her, dass es für bestimmte Gegenstände oder Erscheinungen einen besonderen Ausdruck gibt, für den es Entsprechendes in keiner anderen Sprache gibt. Als Beispiel möchte ich *caruma* zitieren, was eine «auf den Boden gefallene Piniennadel» bezeichnet. Oder das Verb *escanhoar*, das man in einer deutschen Übersetzung mit mehreren Wörtern umschreiben müsste («gründlich bzw. ein zweites Mal nachrasieren»). Wussten Sie, das es im Portugiesischen ein Wort gibt, welches «das Jucken» bezeichnet, «das bestimmte Pferde an den Stellen haben, wo der Sattel drückt»? Leider erinnere ich mich nicht mehr an das Wort, doch als ich es damals fand und meinem

Privatlehrer, Professor. José d'Encarnação zeigte, staunte der nicht schlecht.[1]

Zu der damaligen Zeit war ich geradezu auf der Jagd nach bedeutungsgleichen Wörtern und fand z.B. mehr als 20 Ausdrücke für «faulenzen» (*andar aos cucos*, *andar à malta*, *andar na vida airada*, *andar ao leu*, *andar na pândega*, *pintar os tetos ao Rossio*, *andar aos gambozinos*» etc etc.), mehr als 30 Synonyme für «Spott» oder «Hohn», genauso viele für «sich betrinken» oder «besaufen». Für «fliehen» oder «abhauen» fand ich 50 Ausdrücke und für alle möglichen Arten von «Schuft» oder «gemeiner Typ» mehr als 60 Spezialausdrücke. Die verschiedenen Arten von «Prügel» oder «Haue» mit der schier endlosen Liste von Spezialschlägen wie *bofetada*, *chicotada*, *paulada*, *piparote*, *sopapo* etc. belaufen sich auf fast 100 Eintragungen. Die Zahl wird nur übertroffen von den 130 Bezeichnungen, die ich für eine «dumme Person» gefunden habe.

Aber lassen Sie sich bitte von diesen beeindruckenden Zahlen nicht zu vorschnellen Schlüssen verleiten nach dem Muster: «Die Portugiesen sind ein Haufen Dummköpfe und Banditen. Sie machen nichts anderes, als sich zu betrinken, und wenn sie einen in der Krone haben, verspotten sie die anderen und verprügeln sie. Und dann geben sie einfach Fersengeld.» Dies wäre eine zu einfache Gleichsetzung von Sprache und Welt, das heißt zwischen Bezeichnung und dem Bezeichneten. Aber es unterliegt keinem Zweifel, dass die Sprache die besondere Denk- und Lebensweise eines Volkes widerspiegelt. Jedes Wort hat seine Geschichte, sein besonderes emotionales und soziales Gewicht, seine besonderen Wortverknüpfungen und Gedankenverbindungen, die man nicht aus Büchern und Lexika lernt, sondern im täglichen Umgang mit dem Volk.

So offenbaren die portugiesischen Ausdrücke in Verbindung mit «Zeit» eine völlig andere Haltung als die der Deutschen, die gerne lange im Voraus und genau planen. Die allermeisten Portugiesen ziehen es vor, die Dinge offen zu lassen, ohne sich auf eine bestimmte Zeit festzulegen. Wenn ein Portugiese verspricht, «gegen 8 Uhr» zu erscheinen oder – noch schlimmer – «so gegen 8 Uhr», wird er mit Sicherheit nicht vor 9 Uhr oder sogar 10 Uhr auftauchen. Und wenn er beim Abschied

---

1 Kürzlich fand ich es wieder: «cangocha». Es scheint, dass es in der Pferdewelt sehr viel mehr Spezialbegriffe gibt, wie z. B. «tico», was bedeutet – man höre und staune – «Unart der Pferde, ihre Oberzähne auf die Krippe oder andere Gegenstände zu legen und so zu tun als ob sie nach Luft schnappen». (Cândido de Figueiredo, Grande Dicionário da Língua Portuguesa)

sagt: «Bis morgen!», dann bedeutet das nicht unbedingt, dass man sich für den nächsten Tag verabredet. Übrigens ist unter Ausländern die so genannte «portugiesische Minute» sehr gefürchtet, weil sie die angestammten 60 Sekunden bei weitem überschreiten kann. Am verräterischsten, aber sehr bequem und deswegen in Portugal sehr in Mode ist jedoch das Wort *oportunamente* (d. h. «gelegentlich», «bei passender Gelegenheit»). Ich bemerkte diese Tatsache während meines Portugalaufenthalts, was meinen Lehrer wiederum dazu verleitete, einen kleinen Artikel darüber in dem *Jornal da Costa do Sol* zu veröffentlichen. Doch staunte ich nicht schlecht, als ich das Wort in der Benachrichtigung über die Preisverleihung entdeckte, welche mir die Jury der Stiftung *Casa de Cultura de Língua Portuguesa* zusandte. So trifft man gute alte Freunde wieder!

Ein Ausländer, der sich mit sprachlichen Problemen auf diesem Niveau herumschlägt, findet sich schon auf einem sehr vorgeschobenen Posten bei der Eroberung der Sprache. Die letzte Festung ist jedoch der korrekte Gebrauch von idiomatischen Ausdrücken, vor allem im Slang. Aber Vorsicht! Es ist ein Feld, auf dem unzählige Fallen dem ahnungslosen Ausländer auflauern. Wie es mir einmal geschah, als ich in Ausübung meines Amtes als Vizedirektor der Deutschen Schule Lissabon einige portugiesische Schüler ermahnen musste, übrigens in Gegenwart einer älteren portugiesischen Kollegin. Und stolz, wie ich war auf meine Kenntnisse des umgangssprachlichen Portugiesisch, benutzte ich den Ausdruck *ter lata* (etwa: «die Stirn haben»), was bei meiner portugiesischen Kollegin Bewunderung hervorrief, da sie diesen Ausdruck noch nie aus dem Mund eines Deutschen gehört hatte. Andererseits tadelte sie mich später, solch einen lockeren Ausdruck vor Schülern benutzt zu haben. Und da war ich wieder auf dem Platz, wohin ich gehörte, nämlich dem des Ausländers, der die Tabus der Umgangssprache und des Slang nicht beherrscht und respektiert.

Die andere Falle, in die ich immer wieder getappt bin, sind die «tausend und eine Art, Leute anzureden» (das ist ein Zitat der deutschen Schriftstellerin Ilse Losa, die seit über 60 Jahren in Porto lebt)[2]. Es geht dabei um Probleme wie: Wen spreche ich mit *Senhora* an, wen mit *Dona*, wen mit *Senhora Dona*? Oder: Wer hat das Recht, *Senhor Doutor* genannt zu werden? Ich habe den Eindruck, dass mehr als 20 Jahre nach der

2 Ilse Losa ist inzwischen verstorben, und zwar am 6.1.2006

Nelkenrevolution, als alle *amigos* («Freunde») oder *camaradas* («Kameraden») waren, die Situation sich allmählich wieder verkompliziert.

Aber jetzt reicht's mit der Jammerei! Der ständige Kampf um den Erwerb der portugiesischen Sprache bedeutet nicht nur Arbeit und Opfer. Es ist gleichzeitig eine höchst positive Erfahrung, die sich nicht besser beschreiben lässt als mit dem Sprichwort, das mal wieder aus der unerschöpflichen Weisheit des portugiesischen Volkes stammt. Es lautet: *Saber muitas línguas é ser-se muitas vezes homem* («Viele Sprachen können bedeutet viele Male Mensch sein»). Nachdem ich also durch meine Geburt *homo teutonicus* bzw. *germanicus* bin und aufgrund meiner Wahl *homo britanicus*, *homo gallicus* und *homo cisalpinus* d.h. *italicus*, bin ich stolz darauf, jetzt auch *homo lusitanus* geworden zu sein. Bei dieser Verwandlung hat der Erwerb der portugiesischen Sprache eine entscheidende Rolle gespielt, denn für mich war diese Lehre nie ein einfacher Prozess des Übersetzens von einer Sprache in die andere, sondern eine Tür, die sich immer weiter öffnete und mir den Zugang verschafft hat zu einer Welt, die anders ist als unsere Welt des Denkens, Fühlens, Reagierens, kurz: des Lebens. In meinem Fall waren die sieben Jahre, die ich in Portugal gelebt habe, eine enorme Bereicherung. Und wenn wir den Biologen Glauben schenken dürfen, die sagen, dass der menschliche Organismus sich in sieben Jahren einmal total erneuert, so bin ich 1983 als 100%iger Portugiese zurückgekehrt. Seitdem hat sich mein Organismus mehrfach in verschiedene Richtungen umgewandelt. Aber ich bin überzeugt, dass mir zumindest eine *costela portuguesa*, eine «portugiesische Rippe», geblieben ist.

49. As manhas e as artimanhas da Língua Portuguesa

Nach seiner Rede überreicht Peter Koj dem portugiesischen Staatspräsidenten Jorge Sampaio, selbst Nachkomme einer sefardischen Familie, den Band Sefarden in Hamburg. *Rechts Alberto Amaral, Rektor der Universität Porto*

Em 1976, ano em que fui chamado para Portugal para lecionar na Escola Alemã de Lisboa, vi-me na obrigação de aprender, na bonita idade de 38 anos, mais uma língua, neste caso o Português. Desde então, a minha vida tem sido um constante desafio ao provérbio português que reza: «Burro velho não aprende línguas». Felizmente há outros ditados portugueses que são mais animadores, como «Quem não trabalha, não come» ou «Quem espera, sempre alcança». Mais de vinte anos duma aprendizagem bastante dura desta língua «traiçoeira» (como lhe chamam os próprios portugueses), levam-me a falar das «manhas e artimanhas» da língua portuguesa. Para que os nossos amigos portugueses melhor avaliem os meus/os nossos problemas desta aprendizagem, vou debruçar-me sobre alguns aspetos da língua portuguesa que mais avessos são ao domínio desse idioma para um estrangeiro.

O primeiro grande problema ou obstáculo com que se depara o estrangeiro é a **pronúncia** do português. É a bitola que mede implacavelmente o grau dos conhecimentos. O mais pequeno deslize – e zás!

É apanhado. Em sete anos de estadia em Portugal, não consegui convencer os habitantes deste «jardim à beira-mar plantado» de que eu sou um compatriota seu. O máximo foi quando um dia me perguntaram se eu era brasileiro. Tudo isto, claro, é uma questão de idade. Enquanto a minha pequena filha apanhou, com uma perna às costas, todos aqueles sons esquisitos de Português como nasais, ditongos, semivogais, etc., eles constituíam para mim motivo para treinar o meu aparelho fonador até doer. E, na verdade, para pronunciar as outras línguas românicas, que eu tinha aprendido antes, nomeadamente o francês e o italiano, bastavam-me quatro ou cinco regras. Em português, apesar das muitas regras, que aprendi de cor e salteado, via-me constantemente confrontado com ambiguidades e dúvidas. Por exemplo, quando uma palavra varia de pronúncia consoante o sentido, mas mantendo a mesma grafia. Ainda hoje tenho grandes problemas para não confundir «soco» [o] com «soco» [ɔ]. Ou «pega» [e] com «pega» [ɛ]. O cúmulo deve ser a arbitrariedade que diz respeito à pronunciação da letra «x». Se contei bem, há cinco variedades e às vezes há várias opções para a mesma palavra. Afinal de contas, como se diz: tóxico [ks] ou tóxico [ʃ]?

Outro campo onde o Português exige grandes capacidades intelectuais do estrangeiro é a **gramática**. Diz-se que a gramática alemã é a mais difícil das línguas indo-europeias, porque mantém mais elementos da gramática latina, como, por exemplo, a declinação. Mas isso não é nada em comparação com o Português, que até tem um infinitivo pessoal (p. ex. «é melhor ouvirmos»). Isso constitui um contrassenso em si, porque um infinitivo é *per definitionem* impessoal. Mas, pronto, cá está! E até dá muito jeito, pois é escusado recorrer ao conjuntivo («é melhor que oiçamos»). E, falando do conjuntivo, o português dá-se ao luxo de ter não só um presente e um pretérito imperfeito do conjuntivo, com as suas respetivas formas compostas, mas – como se isso não bastasse – tem ainda um conjuntivo no futuro. E, ao contrário do Francês, que hoje em dia só emprega o conjuntivo no presente, os portugueses, na língua falada, utilizam todos os seus conjuntivos – se Deus quiser!

Outro quebra-cabeças para o aluno estrangeiro é a chamada *pronominalização.* Mas uma vez bem dominadas, formas como «fá-lo-ia» ou «dar-no-lo-á», pela sua eufonia, fazem-nos lembrar mais aquelas canções vindas lá do alto dos Alpes, também conhecidos sob a designação de «Jodeln». Mas a brincadeira acaba quando se deve substituir um grupo nominal (complemento direto ou indireto) por um pronome.

Pensando num livro, por exemplo, diz-se «li-o», mas por outro lado deve ser «não o li» ou «quando o li» ou «também o li». Onde está a lógica? Pior ainda quando o predicado consiste em vários verbos. (Então como se diz: «o vejo levar» ou «vejo-o levar» ou «vejo levá-lo»?) E nem os próprios portugueses ainda decidiram bem se se devem dizer «pode-se dizer» ou «pode dizer-se». Nestes casos melindrosos, a gente gostava de tornar-se brasileiro, colocando os pronomes onde calha.

Mas o campo onde se trava a luta decisiva do domínio da língua portuguesa é o seu **vocabulário**. Se estou bem informado, o Português é, depois do Inglês, a língua mais rica da Europa. O Inglês deve a sua riqueza de mais de 600 000 palavras à sua origem dupla, nomeadamente germânica e românica, o que possibilitou muitos casos de expressões sinónimas ou quase-sinónimas (p. ex. *liberty* e *freedom*). A riqueza do vocabulário português prende-se com o facto de ter, para determinados objetos ou fenómenos, uma palavra especial que não tem correspondência em qualquer outra língua. A título de exemplo, gostava de citar a «caruma» que é a «agulha de pinheiro caída no chão». Ou o verbo «escanhoar» que, numa tradução para Alemão, deve ser parafraseado com várias palavras com o sentido de «fazer a barba com apuro». Sabiam que no Português existe uma palavra que designa «comichão que têm certos cavalos nos pontos em que aperta a sela»? Infelizmente já não me lembro dessa palavra, mas na altura em que a encontrei e mostrei ao meu professor particular, o Prof. José d'Encarnação, da Faculdade de Letras de Coimbra, este ficou boquiaberto.[1]

Naquela altura, eu andava empenhado numa verdadeira caça às palavras sinónimas e encontrei, por exemplo mais de 20 expressões idiomáticas para «vadiar» («andar aos cucos», «andar à malta», «andar na vida airada», «andar ao léu», «andar na pândega», «pintar os tetos ao Rossio», «andar aos gambozinos», etc., etc.), mais de 30 sinónimos para «troça» ou «escárnio», e número igual para «embriagar-se» ou «toldar-se». Para «fugir» ou «debandar», encontrei 50 expressões, e para todas as raças de «patifes» ou «pessoas vis» contei mais de 60 termos técnicos. Os vários tipos de «sova» ou «tareia», com a infindável lista dos golpes especiais como «bofetada», «chicotada», «paulada», «piparote», «sopapo» etc., so-

1 Há pouco, encontrei-a outra vez: é a palavra «cangocha». Parece que o mundo equestre deve ter muito mais desses termos específicos, como mostra, por exemplo, «tico» que quer dizer – pasme-se! – «vício dos equídeos que poisam os dentes superiores na manjedoira ou outro objecto, parecendo que tomam ar» (Cândido de Figueiredo, *Grande Dicionário da Língua Portuguesa)*

mam quase 100 inscrições. Este número é ultrapassado apenas pelas 130 designações que encontrei para uma pessoa estúpida.

Mas, por favor, não se deixem levar por estes números impressionantes e não tirem conclusões prematuras, como: «Os portugueses são uma banda de pacóvios e bandidos. Não fazem nada senão embriagar-se e, quando apanham uma borracheira, fazem pouco dos outros ou até batem neles. Depois é que dão aos calcanhares!». Isso seria uma equação demasiadamente simplista entre língua e mundo, quer dizer entre significante e significado. Mas está fora de questão que uma língua reflita a maneira específica de pensar e viver do povo que dela se serve. Cada palavra tem a sua história, a sua própria carga emocional e social, as suas conotações e associações de ideias que não se aprendem através de livros nem de dicionários, mas sim no contexto vivido do dia a dia das pessoas.

Por exemplo, as expressões portuguesas relacionadas com o tempo demonstram uma atitude totalmente diferente da dos alemães, povo que gosta de planear com muita antecedência e precisão. Os portugueses, na sua esmagadora maioria, preferem deixar as coisas em aberto sem fixar uma hora certa. Quando um português promete aparecer «pelas oito» – ou ainda pior – «lá pelas oito», com certeza não aparecerá antes das nove ou até das dez. Ou quando, na despedida, se diz «Até amanhã!», isso não implica necessariamente que a gente fique combinada para o dia seguinte. Aliás, muito temido entre os estrangeiros é o chamado «minuto português», que pode ultrapassar de longe os 60 segundos originais. Porém, a expressão mais traiçoeira, mas muito cómoda e por isso tão em voga em Portugal, é a palavra «oportunamente». Reparei nesse facto aquando da minha estadia em Portugal, o que levou o meu professor a publicar um pequeno artigo no *Jornal da Costa do Sol.* Mas qual não foi o meu espanto quando descobri esta palavra na decisão que o próprio Júri da Fundação Casa da Cultura de Língua Portuguesa me enviou. Foi mesmo um encontro de bons velhos amigos!

Um estrangeiro que se debate com problemas linguísticos a este nível já está numa linha muito avançada da conquista da língua. Mas o último reduto é a utilização correta de expressões idiomáticas, sobretudo da gíria ou do calão. Mas cuidado! É um campo onde inúmeras armadilhas espreitam o estrangeiro desprevenido. Como me aconteceu quando eu, na minha função de subdirector da Escola Alemã de Lisboa, tive uma vez de admoestar uns alunos portugueses, aliás na presença duma colega minha, portuguesa e já de idade. Eu, todo ufano dos meus conhecimentos do Português oral, empreguei a expressão «ter lata», o que provocou, na minha colega portuguesa, espanto e admiração por eu conhecer uma expressão que nunca tinha ouvido dum alemão. Mas, por outro lado, censurou-me mais tarde por ter utilizado, perante os alunos, uma expressão destas, tão informal. Assim, fiquei outra vez no meu lugar, quer dizer, de estrangeiro que não dominava e respeitava os pressupostos de adequação relacionados com expressões populares ou da gíria.

Outro alçapão em que tenho caído vezes sem fim são «as mil e uma maneiras de se dirigir às pessoas» (esta é uma citação de Ilse Losa, escritora de origem alemã, mas radicada nesta cidade do Porto há mais de sessenta anos)[2]. São problemas como: Quem se trata por *Senhora*, quem por *Dona*, quem por *Senhora Dona*? Ou: Quem tem direito a ser chamado *Sr. Doutor*? Dá-me a impressão de que, mais de vinte anos passados desde a *Revolução dos Cravos*, quando todos eram *amigos* ou até *camaradas*, a situação se está a tornar cada vez mais complicada.

Mas agora basta de choraminguices! A luta contínua pela aquisição do idioma português não significa só trabalho e sacrifício. É, ao mesmo tempo, uma experiência altamente positiva, que não se pode exprimir melhor do que num provérbio proveniente, mais uma vez, da sabedoria inesgotável do povo português. Reza assim: «Saber muitas línguas é ser-se muitas vezes homem». Então, depois de ser *homo teutonicus* ou seja *germanicus* por nascença, *homo britanicus, homo gallicus* e *homo cisalpinus* isto é *italianus* por opção, orgulho-me de me ter tornado também *homo lusitanus*. Nesta metamorfose, a aprendizagem da língua portuguesa tem tido um papel decisivo, porque, para mim, esta aprendizagem nunca foi um simples processo de tradução duma língua para outra, mas sim o abrir duma porta cada vez mais escancarada, dando acesso a um mundo diferente do nosso, de pensar, de sentir, de reagir, enfim: de viver. No meu caso, ajudaram imenso os sete anos vividos em Portugal. E, se pudermos acreditar nos biólogos que dizem que, de sete em sete anos, o nosso organismo se renova por completo, eu, em 1983, voltei para Hamburgo cem por cento português. Desde então, o meu organismo tem sido reciclado várias vezes em todos os sentidos. Mas estou convencido de que me ficou, pelo menos, uma costela portuguesa.

Excerto do texto lido na cerimónia de atribuição do Prémio da Fundação Casa da Cultura de Língua Portuguesa (Universidade do Porto, 30 de maio de 1996)

2 Ilse Losa faleceu entretanto, mais exatamente a 6 de janeiro de 2006

Portinglês Lösungen

1. beef (*bife*, umgangssprachliche Bezeichnung für «Engländer»)
2. sandwich
3. cocktail
4. whisky
5. shilling
6. Cadillac
7. cake (*queque*, «kleiner Kuchen», umgangssprachlich für «junger Snob»)
8. shut up
9. come on (*camone*, umgangssprachliche Bezeichnung für «Amerikaner»)
10. jeep
11. Tupperware
12. poker
13. goal
14. pub
15. jeans
16. team
17. shoot
18. knife
19. lunch
20. leader
21. design
22. show
23. t-shirt
24. cowboy
25. 25. blackout

Danksagung

Mein Dank gilt allen denen, die mich bei meinen Annäherungen an die portugiesische Sprache angeregt und gefördert oder durch ihre Unterstützung die Veröffentlichung dieses Buches ermöglicht haben. Das sind Fátima Figueiredo Brauer von der Universität Hamburg und die Übersetzerin Maralde Meyer-Minnemann, die meine ersten Schritte in Hamburg gelenkt haben. Während meiner 7-jährigen Tätigkeit in Portugal waren meine Mentoren Manuel Mendes Silva, Leiter der Portugiesisch-Abteilung der Deutschen Schule Lissabon und Autor diverser Lehrbücher, und vor allem José d'Encarnação (Cascais), Professor an der Universität Coimbra, Archäologe und Journalist. Sie waren für mich Vermittler nicht nur der Sprache Portugals, sondern auch seiner Kultur und Geschichte. Nach meiner Rückkehr habe ich vor allem von den Seminaren von Madalena Simões profitiert, der Leiterin des Centro de Língua Portuguesa (Instituto Camões) an der Universität Hamburg (2004 – 2012) und von den Korrekturen und Hinweisen, die ich von Teresa Bagão, Portugiesischlehrerin aus Ílhavo und Herausgeberin der Sammlung *Dar Voz à Poesia*, per Internet erhalten habe. Karin von Schweder-Schreiner sei Dank, die nicht nur die Schlussredaktion dieses Buches übernommen, sondern in all den Jahren meine schreibenden Aktivitäten kritisch begleitet hat. Dank auch all den Schülern, durch deren *feedback* ich erst ein Organ für die List und Tücken der portugiesischen Sprache entwickelt habe. Schließlich sei Gerd Jückstock und Claus Bunk für ihre Unterstützung am Computer gedankt. *Bem hajam!*

Mein Dank geht zudem an die Portugiesisch-Hanseatische Gesellschaft und den Verlag Editurismo (Lagoa), in deren Zeitschriften *Portugal-Post* bzw. ESA (*Entdecken Sie Algarve*) die hier versammelten Artikel zuerst erschienen. Der Portugiesisch-Hanseatischen Gesellschaft, die sich seit knapp 20 Jahren für den Kulturaustausch zwischen Portugal und der Hansestadt Hamburg einsetzt, sei zudem für ihr Sponsorentum gedankt, ebenso Dr. Rolf Stomberg und Carlos Vasconcelos (Restaurante Porto und Restaurante Nau), deren großzügige Spende den Druck und die Präsentation des vorliegenden Bandes ermöglichte.

Sponsoren:

Portugiesisch-Hanseatische Gesellschaft e.V. Hamburg
Dr. Rolf Stomberg
Carlos Vasconcelos (*Restaurante Porto* und *Restaurante Nau*), Hamburg